上善书系

从游集

让优秀的人
培养更优秀的人

朱华伟 著

中国人民大学出版社
·北京·

图书在版编目（CIP）数据

从游集：让优秀的人培养更优秀的人 / 朱华伟著.
北京：中国人民大学出版社，2025.1. --（上善书系）.
ISBN 978-7-300-33636-7

Ⅰ.G632.0-53

中国国家版本馆CIP数据核字第2025YS1849号

上善书系
从游集：让优秀的人培养更优秀的人
朱华伟　著
Congyouji：Rang Youxiu de Ren Peiyang Geng Youxiu de Ren

出版发行	中国人民大学出版社		
社　　址	北京中关村大街31号	邮政编码	100080
电　　话	010-62511242（总编室）		010-62511770（质管部）
	010-82501766（邮购部）		010-62514148（门市部）
	010-62515195（发行公司）		010-62515275（盗版举报）
网　　址	http://www.crup.com.cn		
经　　销	新华书店		
印　　刷	中煤（北京）印务有限公司		
开　　本	720 mm×1000 mm　1/16	版　　次	2025年1月第1版
印　　张	15 插页1	印　　次	2025年5月第2次印刷
字　　数	176 000	定　　价	56.00元

版权所有　　侵权必究　　印装差错　　负责调换

前言

梅贻琦先生的《大学一解》有言："学校犹水也，师生犹鱼也，其行动犹游泳也，大鱼前导，小鱼尾随，是从游也。从游既久，其濡染观摩之效，自不求而至，不为而成。"梅先生的"从游论"以鱼游于水为比喻，描摹出师生相处的理想状态，更道出教师在教育中的重要性。

成为人民教师，是我学生时代的梦想

1978年，在人杰地灵的汝南古城，当时正读高中的我，看了作家徐迟的报告文学《哥德巴赫猜想》后兴奋不已。受到文中数学家陈景润故事的感染，我暗暗立下志愿：要成才，还要为国育英才，做一名像陈景润的中学数学老师沈元一样的、点燃学子梦想的数学老师。

18岁，我如愿以偿在家乡一所高中担任数学老师，后来到武汉读研究生。研究生毕业后，在武汉工作了九年，当过三年市数学教研员和六年区教育局局长。2000年9月，从美国做访问学者回国后，辞去武汉市江岸区教育局党委书记职务，2001年7月，从武汉到珠海，任人大附中珠海校区校长。2004年2月，应张景中院士之邀，我到了广州大学计算机教育软件研究所，同年被评为研究员，接替张景中院士，担任软件研究所所长。张先生学高为师、德高为范，在做人做事上和在数学方面，都是我的榜样和楷模。在张先生的指导下，我工作得有声有色。2014年1月，受广州市教育局局长屈哨兵教授之邀，任广州市教研室主任、广州市教育科学研究所负责人，负责筹办广州市教育研究院并担任创院院长，在教研院工作了三年。

虽然这三十余年间换了很多岗位，但我感到最自豪的是，一直没有脱离教育，没有脱离课堂。因为我喜欢数学，喜欢学生，热爱数学教育，热爱教育事业。

一校之大，在于大师

2016年12月，承蒙深圳市领导青睐，我的身份从广州市教育研究院院长转变成深圳中学校长，我的工作从"研究一些学校"到"办好一所学校"。这所学校注定不平凡，她身处我国改革开放的窗口和"试验田"，流淌着改革创新的血液，拥有敢闯敢干的基因和七十年的深厚积淀。2012年党的十八大之后，习近平总书记第一站到深圳视察了三家实体单位——腾讯公司、光启研究院和深圳渔民村，它们的掌门人马化腾、刘若鹏、吴惠权等均为深中校友。

2017年1月17日，我正式就任深中校长。从那一天起，"办一所世界一流中学，让深中成为和华为、腾讯、大疆、比亚迪等著名企业一样的地标性城市名片"就成为我坚定的事业理想。正如梅贻琦先生的"从游论"所言，"大鱼前导，小鱼尾随"，从事教育工作几十年，我深刻领悟到：办好一所学校的关键是要有一位好校长和一支一流的教师队伍。我后来时常和老师们半开玩笑地说："校长是组织派的，好不好就这样了，我们要大力引进海内外顶尖大学的毕业生，使深中的教师队伍达到世界一流水平。"

当时，学校的教师队伍情况并不乐观，在某种程度上已经成为制约学校高质量发展的"短板"。以博士教师为例，我到深中时，学校只有两位博士，我是全校第三个博士，而想要办世界一流高中，仅仅三个博士远远不够。我在第一次全校教工大会上提出了建设世界一流高中的多个维度，其中一个就是：在我任内要引进100位博士和100位清华大学、北京大学的毕业生。很多人不理解，也不相信。

事实上，大师进中学任教，百年前就有先例。20世纪20年代的春晖中学，就是大师铸就的教育辉煌，夏丏尊、丰子恺、朱自清、朱光潜、李叔同等一大批教育家汇聚于此，蔡元培、叶圣陶、黄炎培等学者慕名前往讲学。2019年，我在欧洲各国考察期间也特别留意到，在当地，世界名校毕业生任教著名中学本身就是"常态"，并非什么"稀奇事"。

如今，越来越多的有志青年投身基础教育事业，是我国教师地位不断提高、教师职业幸福感不断攀升的一个有力证明，于国于民都是大事、好事。近年来国家也已经出台相关政策，鼓励名校毕业生从事基础教育事业。2023年7月，教育部《关于实施国家优秀中小学教师培养计划的意见》指出："国家支持以'双一流'建设高校为代表的高水平高校选拔专业成绩优秀且乐教适教的学生作为'国优计划'研究生……通过'国优计划'研究生培养吸引优秀人才从教，为中小学输送一批教育情怀深厚、专业素养卓越、教学基本功扎实的优秀教师。"

一流事业吸引一流人才

恰逢深中新校区开办、大规模扩招，深中秉承"让优秀的人培养更优秀的人"的师资理念，仅用五年就实现了"双一百"的目标——博士教师100余人，清华大学、北京大学毕业的教师100

余人，而且还引进了哈佛大学、麻省理工学院、牛津大学、剑桥大学等境外顶尖名校毕业的教师80余人。

深中之所以能吸引一大批高学历、名校毕业生来校任教，主要有三方面原因：一是这些青年有教育情怀——得天下英才而教之，他们热爱教育事业，为党育才、为国育才；二是深中提供了优质的发展平台——深中拥有深厚的历史积淀、先进的办学理念、开放的校园文化、一流的硬件条件、卓越的办学成就等，因而成为很多优秀人才的向往之地；三是深中对青年教师的培育与关心——深中倡导"以人为本"的管理理念，尊重教师、善待教师、信任教师、关爱教师，全心全意为教师创造温馨和谐的工作、生活环境，让教师工作顺心、生活舒心，静心读书修己、安心教书育人。

引进只是第一步，培育才是关键一着

深中吸引了一大批高学历人才的加入，这为我们的教育管理提出了新的命题和挑战，同时深中也有责任在高学历教师培育方面为更多的学校身先示范。

八年来，为助推青年教师的专业发展，学校进行了一系列的探索与实践。学科组、备课组、"青蓝工程"、班主任专项培训等项目全员覆盖；各科组集思广益，集中备课，以缓解新教师经验不足的焦虑；学校为每位青年教师一对一安排教学导师和班主任导师，以针对性地提升新教师的教学水平和育人能力；学生处和学生辅导中心每两周举办一次班主任工作主题探讨和分享。"树人工作室""学科研究室"等项目聚焦深度研究；青年教师自愿参与，以资深教师引领、团队互助等方式联合志同道合的教师在班主任工作和学科教学方面进行深入研究，为"教育家型教师"的成长提供充分的发展平台。

一流人才成就一流学生

高学历教师进中学任教，是合乎教育规律的双向选择。在基础教育阶段遇到优秀的老师，接受全面而深入的知识学习和积极而多元的价值引导，对于人的一生发展来说都大有裨益。2021年2月2日，经济合作与发展组织（OECD）发布的TALIS-PISA Link的研究报告《培养卓越学生，学校和教师怎么做?》显示：学校拥有硕士或博士学位的教师人数越多，学生期望至少完成高等教育的可能性就越大。

高学历教师势必承载着学校、学生和家长的高期待，这是压力，更是动力。教师的"高学历"虽不能和教学的"高水平"直接画等号，但高学历教师往往自我反思意识较强，专业发展目标明确，科研能力强，从而更容易获得认可与重视。在近年来的实践中，这些优秀的高学历教师不仅以自己前沿的学术视野、强烈的思辨意识、扎实的研究能力为深中的教科研注入了新的活力，更以深厚的教育情怀、敬业的工作作风、卓越的人格魅力、出色的教学表现赢得了学生和家长的认可与喜爱。

一流人才创造一流事业，深中八年来在国内高考、学科竞赛、国际升学、科学教育、竞技体育等各领域实现的跨越式发展，充分印证了"让优秀的人培养更优秀的人"这一教育决策是完全正确的。

人才的聚集，是学校发展的底气。2016年9月，习近平总书记到北京市八一学校看望慰问师生时说："一个人遇到好老师是人生的幸运，一个学校拥有好老师是学校的光荣，一个民族源源不断涌现出一批又一批好老师则是民族的希望。"深中不仅要成为学生成长的乐园，也要成为教育家成长的摇篮，用教育家精神办学，按照最朴素的教育规律育人，《从游集》这本书呈现的文章，就是近八年来我在各个场合和平台，围绕人才引进和师资队伍建设发表的文章、演讲、发言和访谈等。

本书的出版得益于我的师长、同仁、朋友和家人多年以来的鼓励、支持和帮助。感谢覃伟中市长鼓励我将深中办学经验和思考结集成书，感谢深中各位师生、校友、家长以及关心关爱深中发展的各界人士，感谢为本书贡献智慧和力量的深中同仁，感谢我的家人一直以来的无条件的支持和付出，因为有你们，才有了今天的这本书。同时，本书若有疏漏之处，敬请读者不吝赐教。

2025 年 1 月 17 日

目录

第一辑　济济多士　乃成大业

1-1　让最优秀的人培养更优秀的人 ·················· 2

1-2　为基础教育鼓与呼，让更多"大鱼"投身教育 ············· 12

1-3　名校博士当中学老师是"大材大用" ················ 15

1-4　教者大爱，不辱使命
　　——新冠疫情期间致深中全体教师的信 ············· 21

1-5　创业维艰，奋斗以成
　　——就任深中校长四周年致中层干部的一封信 ·········· 24

1-6　从《觉醒年代》谈"校之大者"
　　——在全校教职工大会上的演讲 ················ 26

1-7　有境界，自成高格
　　——在第二期青年教师教育领导力培训工程启动仪式上的
　　致辞 ···························· 32

1-8	回望百年党史，筑牢信仰之基
	——在党的十九届六中全会精神专题学习会议上的发言 … 35

1-9	济济多士，乃成大业
	——在深圳中学博士工作室成立大会上的致辞 ……… 39

1-10	立己达人，成德达材
	——漫谈青年教师成长 …………………………………… 44

第二辑 一校之大 在于大师

2-1	关于加强教研组建设的五点想法
	——在科组长述职考核工作会上的发言 ……………… 51

2-2	携手逐梦，共享荣光
	——致全体教职员工的新年寄语 ……………………… 61

2-3	羡子年少正得路，有如扶桑初日升
	——在青年教师座谈会上的发言 ……………………… 63

2-4	忠诚履职，勇于担当，奋力谱写新篇章
	——在深圳中学工会第十一届会员代表大会上的演讲 …… 70

2-5	坚守长期主义，筑就卓越之路
	——在物理学科竞赛教练组专题会议上的发言 ……… 73

2-6	问渠那得清如许
	——在世界读书日分享读书的力量 …………………… 77

2-7	立教育家之德，做教育家之大
	——在深圳中学第40个教师节庆祝表彰大会上的演讲 … 82

2-8	创造观的现代转型与创造性教学 ⋯⋯⋯⋯⋯⋯⋯⋯ 85
2-9	灯火阑珊
	——屠呦呦获诺贝尔奖的启示 ⋯⋯⋯⋯⋯⋯⋯⋯ 96

第三辑　上善之教　美美与共

3-1	莘莘学子梦，浓浓深中情
	——《走进著名大学——深圳中学学子成长足迹（2017）》序言 ⋯⋯⋯⋯⋯⋯⋯⋯⋯⋯⋯⋯⋯⋯⋯⋯⋯⋯⋯⋯ 103
3-2	读书是人一生的精神陪伴
	——《专业·生活·心灵——深圳中学教工推荐书目》序言 ⋯⋯⋯⋯⋯⋯⋯⋯⋯⋯⋯⋯⋯⋯⋯⋯⋯⋯⋯⋯ 106
3-3	育人之本，在于立德铸魂
	——《深圳中学高一班主任工作指导手册》序言 ⋯⋯ 108
3-4	为教师赋权增能
	——"深圳中学核心素养提升丛书"总序 ⋯⋯⋯⋯⋯ 110
3-5	何以传奇，念兹在兹
	——《映鉴——中国近现代人物作品与人格魅力》序言 ⋯⋯⋯⋯⋯⋯⋯⋯⋯⋯⋯⋯⋯⋯⋯⋯⋯⋯⋯⋯⋯⋯ 114
3-6	终身之计，莫如树人
	——《绿野深中》序言 ⋯⋯⋯⋯⋯⋯⋯⋯⋯⋯⋯⋯ 117
3-7	数学是美的
	——《数学为美——我的教研探索与实践》前言 ⋯⋯ 119

3-8	《高中数学精讲》前言 ······ 126
3-9	《数学培优竞赛讲座》前言 ······ 130
3-10	《数学的再发现》序 ······ 134
3-11	《从数学竞赛到竞赛数学》前言 ······ 138
3-12	《数学解题策略》前言 ······ 144

附录

附录一	深中新锐成长记 ······ 150
附录二	向朱华伟致敬 ······ 173
附录三	全国 34 名数学尖子武汉集训 ······ 175
附录四	朱华伟率奥数国家队出征不来梅 ······ 180
附录五	深圳中学：以涌现的智慧成全未来
	——《新校长》2019 年 8 月刊 ······ 185
附录六	书香满园
	——朱华伟校长深情赠书，诚邀师生共绘知识蓝图 ··· 214
附录七	漫谈数学学习，开启智慧大门
	——校长讲座《数学学习漫谈》 ······ 219
附录八	青年之文明，奋斗之文明也
	——迎"五四"青年教师座谈会 ······ 228

第一辑

济济多士　乃成大业

　　基础教育是人才成长的起点，青少年素质培养的根本在教师。最优秀的人才能培养出更优秀的人，真正的"大材"才能培养出"大材"，我们就是希望引进更多高层次教师，培养更多高水平中学生，为一流大学输送一流生源，为国家培养杰出人才。国运兴衰，系于教育；兴校之道，始于人才。如今，越来越多高学历的人选择当中学老师，把自己所学所得教给祖国的下一代，这一定是"大材大用"，对人民、对社会都是一大幸事。

1-1

让最优秀的人培养更优秀的人

国运兴衰，系于教育；兴校之道，始于人才。一所好学校的标志，不在于它设在何处，有多大的规模，有多少设备，关键是要有一流的校长和教师。深圳中学自 2017 年提出新的办学定位"建设中国特色世界一流高中"以来，围绕"建设世界一流师资队伍"的战略目标，聚焦高端，不断优化人才布局；引育并举，助力教师成长成才；以人为本，营造和谐教育生态。这一系列的探索、实践和经验对于新时代背景下国内普通高中的优质发展具有一定的借鉴意义。

一、确立战略，建设一流师资队伍

（一）国家发展呼唤教师队伍革新

2019 年 6 月 11 日，国务院发布《关于新时代推进普通高中育人方式改革的指导意见》，文件指出要强化师资和条件保障，加强教师队伍建设。如果说教育是社会发展的基础，那么基础教育就是基础的基础。正如普法战争结束之后，普鲁士元帅毛奇说，德意志的胜利早就在小学教师的讲台上决定了。如今，智能时代日新月异的技术革新在不断影响甚至改变着教育，基础教育的学校和教师都经历了前所未有的挑战，但是有一条永远不会改变，那就是社会对学校、教师的要求在不断提升。

因此，国家要吸引最优秀的人才从事基础教育，让教师成为受尊崇的职业，让基础教育事业成为优秀青年的向往，这样国家才有希望，民族才有未来。

（二）一流师资队伍成就一流高中

一所好学校，首先要有一个好校长，然后就要有一批好老师。著名教育家吕型伟说："名校必有名师，没有一批学高身正的名师，绝成不了名校。"

在2017年深圳中学建校70周年之际，我提出了深圳中学新的办学定位"建设中国特色世界一流高中"和育人目标"培养具有中华底蕴和国际视野的拔尖创新人才"。建设世界一流高中，培养拔尖创新人才，首先要有一支世界一流的教师队伍。为实现办学目标储才蓄能，我极力倡导"让最优秀的人教育下一代，培养出更优秀的人"，在"建设世界一流师资队伍"的战略指引下，深圳中学用近四年的时间引进了100多位哈佛、牛津、剑桥、北大、清华等世界名校毕业生和诸多经验丰富的优秀教师，与现有教师共同构成了一支经验丰富，教学业绩突出，学术水平扎实，结构合理的老、中、青相结合的教师梯队。

二、聚焦高端，不断优化人才布局

一所学校致力于培养出什么样的学生，就需要引进什么样的老师。作为校长，我常常思考，世界一流的学校，培养出来的学生应该是什么样的？它的学生应该具备什么样的能力和品质？教育一定是为未来培养人的，科学精神与人文情怀、大胆质疑与批判性思维、坚毅执着与锲而不舍、科学推理与合情推理、提出问题与解决问题、时间管理与科学规划、团队协作与领导能力等，是未来人才所应具备的主要素养，而培养未来优秀人才的工作一定是高学历、高水平的教师才能胜任的。

(一) 名师出高徒,名校博士当中小学老师是"大材大用"

2019年,深圳中学发布"拟引进哈佛、清华、北大等名校35位硕士、博士生"的消息时,在社会上引起强烈反响,当时就有记者提出:"名校博士当中小学老师是'大材小用'吗?"虽然一纸文凭不能说明一切,但更高的学历必然意味着学术视野和水平的整体提升,真正的"大材"才能培养出"大材"。

深圳中学不遗余力引进名校毕业生,看重的不仅是他们扎实的学科背景,还希望让这些优秀人才给予学生更多高端的学术引领以及思想熏陶。他们不只传授知识,更会用自己的视野和格局引领学生,用自己的人格和品行感染学生,用自己的习惯和性格影响学生,在人生观和价值观上对学生产生影响,让学生早立大志、存大格局。我经常对老师们说:"你们希望你们的孩子成为什么样的人,就要希望你们的学生成为什么样的人;身为老师,你们自己是一个什么样的人,就会影响你们的学生成为什么样的人。"而深圳中学这么多毕业于世界名校的教师,就是学生们为人处世、治学研究的榜样。

(二) 高徒需名师,越优秀的学生越需要优秀教师引领

"名师"和"高徒"很多时候也是相互成就的,名师出高徒,高徒更需名师,越优秀的学生越需要优秀的教师引领。深圳中学优秀的教师培养了一批批优秀的学生,同时也正是这些优秀的学生让优秀的教师获得了职业的成就感和幸福感。

2019年入职的罗天挚博士,在美国特拉华大学(University of Delaware)材料科学与工程系博士毕业后留校从事博士后研究,2018年回国加入南方科技大学任研究助理教授,并获评深圳市"孔雀计划"海外高层次人才。一年之后,他从南方科技大学辞职选择了加入深圳中学，任化学教师。当被问及高学历人才到高中当老师是否屈才时，罗老师说："完全没有，学霸才会更懂学霸。"对于逻辑思维非常优秀的深中学生来说，课堂上常常只需在关键处轻轻一点，即可达到事半功倍的效果。一方面，这极大地提高了课堂的效率；另一方面，也让老师们在讲授课本知识的基础上，能够扩展自己的课堂。

深中致力于培养具有中华底蕴和国际视野的拔尖创新人才，因此我们希望引进更多的高水平人才，让他们用自身宽广的科学视野引领学生站在更高的角度看问题，也希望深中的课堂能够成为孩子们科学研究的启蒙之地。

三、引育并举，助力教师成长成才

随着越来越多世界名校的优秀毕业生加入深圳中学，我感到身上的担子很重，学校吸引了一大批优秀人才之后，该如何用好人才、留住人才？面对那些学术造诣深厚的高水平教师，如何挖掘他们身上的巨大潜能，并为他们提供合适的舞台展示自己？如何让这些教师尽展其长、各显其能，从而真正实现"让最优秀的人培养更优秀的人"？这些都是我们过去不曾面临的问题，也是我们当下遇到的挑战和机遇。

2018年，在深圳中学三位同学荣获国际奥赛金牌的新闻发布会上，我提出过这样的观点：深圳中学要"为学生成长搭建多元发展立交桥，让每个学生都有出彩机会"。其实，这个理念同样适用于教师队伍的建设：深圳中学要"为教师发展搭建多元发展立交桥，让每位教师都有出彩机会"。

（一）融合社会资源，搭建平台多元发展

在校本教研的基础上，深圳中学积极为教师发展搭建平台，融合

多种社会资源，与北大、清华、华为、腾讯、大疆等著名高校、企业共建了 19 个创新实验室和创新体验中心。学校通过诸如此类的多种途径为教师提供更多教学资源与空间，让他们能将自己的专业知识与教学相结合，开设高层次选修课（示例见表 1），并指导学生进行课题研究，参加国际高端赛事，进而培养学生的动手能力和创新精神。

表 1　近四年入职深圳中学的名校毕业生开设的选修课列表（部分）

姓名	毕业院校	学位	选修课名称
于舒婷	北京大学	硕士	情境式表达与写作
李爽	北京大学	博士	化学发展简史
罗天挚	美国特拉华大学	博士	神奇的新材料（Amazing Materials）
何柳婷	清华大学	硕士	产品创意设计初体验
贾川	清华大学	硕士	相对论初步（Theory of Relativity and Quantum Physics I）
胡剑	清华大学	博士	天文学基础与前沿、国际物理竞赛
吴文欣	英国爱丁堡大学	硕士	全球化思维、英语戏剧初探

中科大智能语音创新实验室

2019年入职深圳中学的胡剑老师，本科、研究生毕业于清华大学，2007年在清华大学获得博士学位，又赴德国马普天体物理研究所进行为期三年的博士后研究工作。回国之后，他相继在清华大学、中科院国家天文台工作。加入深圳中学后，作为天文竞赛主教练和天文社团指导老师，胡老师开设了国际物理竞赛课和天文学基础与前沿选修课。不到一年的时间，他所带的学生即获英国物理奥林匹克金奖和广东省天文竞赛一等奖。2020年5月，在胡剑老师的积极联络和不懈努力下，促成了北京大学天文创新实验室正式落地深圳中学，两校以天文创新实验室为平台，共同规划建设深圳中学新校区的天文台和天象厅，打造全国最好的中学天文台；共同开发天文课程、策划中学生天文科研和科普活动等。胡老师是以上所有活动的主要负责人，通过在这样的平台上尽展其长，他获得了职业成就感和幸福感。

北京大学天文创新实验室

(二) 携手互促发展，大鱼前导，小鱼尾随

年轻教师成才，离不开前辈教师的引导和帮助。在师资队伍建设上，我非常喜欢著名教育家梅贻琦先生的一段话："学校犹水也，师生犹鱼也，其行动犹游泳也，大鱼前导，小鱼尾随，是从游也。从游既久，其濡染观摩之效，自不求而至，不为而成。"为助推青年教师的专业发展，学校通过"青蓝工程""树人计划"等项目，为每个青年教师配备教学和班主任导师。以旨在提升德育教育研究水平的"树人计划"为例，培养对象需参加一个校级以上名班主任工作室的活动、参加学校青年班主任读书会（阅读15本教育类图书，撰写3篇读书笔记）、撰写源自真实教育实践的德育类专业文章、参与一次校级以上班主任技能或德育类专项比赛等。

在学校的关注和培养下，近四年入职的青年教师在教育、教学中得到了更多的锻炼，他们指导学生取得了很多亮眼的成绩，例如2017年入职的新加坡国立大学博士尤佳老师辅导学生荣获2019年Brain Bee脑科学大赛全国第一和2020年HOSA Biochemistry全球第一。

(三) 自愿双向选择，才尽其能，位得其人

在关注青年教师专业发展的同时，深圳中学勇于打破传统论资排辈的条条框框，充分挖掘每位教师的潜力，让教师尽展其才，使学校位得其人。深圳中学针对青年教师推出了领导力培训项目，依据自愿报名、双向选择的原则，安排青年教师进行行政跟岗实习（见表2）。例如，2018年入职的北京大学博士张佩值，在读书期间曾任北京市学生联合会驻会执行主席，在学生处跟岗短短一年的时间内表现突出，经学校研究，任命其

为代理团委书记。此外，还有更多的青年教师在跟岗的过程中获得了成长和锻炼。

表2　近四年入职教师跟岗实习列表（部分）

姓名	毕业院校	学位	跟岗部门
任亚飞	北京大学	硕士	高中教学处
张佩值	北京大学	博士	团委
刘莹	清华大学	博士	创新体验中心
何柳婷	清华大学	硕士	信息资源中心
周小微	新加坡国立大学	博士	高二年级
尤佳	新加坡国立大学	博士	出国方向
朱嘉玮	中央音乐学院	硕士	艺术体育中心
章丽琼	中国人民大学	博士	行政事务部
林易凡	中山大学	博士	竞赛指导中心

四、以人为本，营造和谐教育生态

一所学校的教师是否热爱自己的工作，是否将职业视为事业，与他/她从事这项工作时是否获得了幸福感密切相关，而教师在工作中是否获得了幸福感，则与学校管理密切相关。

（一）营造宽松氛围，让教师有归属感

作为校长，要关心教师身心健康，营造宽松和谐的工作氛围；要真诚地尊重、关爱每一位员工，用人之长，记人之功，容人之过，解人之难，让教师在追求自己人生理想的过程中有尊严、有自由、有幸福感。在每一位新老师入职的时候，我都会和他们聊几句，聊聊他们对学校的期待、各自的工作计划等，也会给他们推荐几本书，带他们参观我的藏书，激励他们好好读书、好好教

书。每天在食堂吃饭遇到新入职的老师，我也会主动和他们聊天，问他们在学校有什么困难、有哪些收获、对自己的工作有什么想法等，由于有入校时的那次见面做铺垫，这些新老师都很愿意向我敞开心扉。人们对一个全新的环境难免会有陌生感、距离感，我希望通过这样的方式让每一位新教师在初次走进深圳中学的时候，就能感受到家的温暖，从而尽快适应工作环境、融入工作环境，并产生归属感。

（二）营造学术氛围，让教师有成就感

当新老师站稳讲台之后，如何成长为学术型教师、专家型教师是教师职业发展必将面临的一个课题，而教师各项素养的发展需要在后期的教育实践中不断提高。深圳中学制定了系统、科学、有效的教师培训体系，比如针对综合性大学毕业的教师提供教师教育培训，让他们本身已具备的学术形态较快转换为教学形态。同时，深圳中学着力提升教师的科研水平，鼓励教师在权威媒体发文发声，传播深圳中学的教育经验和教育智慧。近四年来成果喜人：全校教师共发表论文127篇，出版著作90部，新立项课题19项，获国家级、省级教学成果奖3项。

（三）营造干事氛围，让教师有荣誉感

对一所学校而言，硬件设施的价值是可以估量的，但师生的整体精神状态所带来的价值则是无法估量的。经过近四年的努力，深圳中学师生的精神风貌焕然一新，整个学校有着浓厚的干事、创业的氛围，全校上下心往一处想、智往一处谋、劲往一处使，大家齐心协力、只争朝夕，都在为建设中国特色世界一流高中的愿景而努力，都在深圳中学的岗位上获得了集体荣誉感和自豪感。

国将兴，必尊师而重傅，教师对学生的一生发展有着重要的影响。深圳中学将持续优化师资队伍，为实现世界一流高中目标储才蓄能，为中华民族伟大复兴贡献力量。

　　　　　　——本文刊发于《人民教育》2020年第19期

1-2 为基础教育鼓与呼，让更多"大鱼"投身教育

"乡村要振兴，振兴乡村，教育是关键，而振兴乡村教育离不开一支优秀的乡村教师队伍，这就需要政府把真金白银投入到基础教育，切实提高教师的物质和政治待遇，让教师成为伟大的职业，让基础教育事业成为优秀青年的向往。"1月26日举行的政协第十二届广东省委员会第二次会议分组讨论上，省政协委员、深圳中学校长朱华伟发言时依然把关注的目光投向乡村教育和基础教育。

今年是朱华伟担任省政协委员的第二年，过去一年，他利用工作上的各种机会，到广西，广东河源、汕尾等地的农村小学进行实地考察调研，但农村小学的现状还是让这位特区校长颇为担忧。"目前，乡村学校布局需要进一步优化，很多小学的硬件条件

依然还很薄弱,乡村的办学条件亟待改善。此外,由于教育质量不高,不少农村家长只要一有条件,就会考虑将孩子送到城里去读书,这不仅增加了乡村家庭的教育负担,也不利于乡村教育的可持续发展。因此,随着九年义务教育的全面普及,'人人有学上'虽已不是问题,但在'人人有学上'的基础上还要努力实现'人人上好学'。知识改变命运,人的素质的提升才是乡村振兴的基础所在。"朱华伟说。

除了是深圳中学校长,朱华伟身上与教育相关的标签还有很多:教育学博士,特级教师,博士生导师,二级教授;享受国务院政府特殊津贴专家,国家级教学成果奖获得者,广州市教育研究院创院院长……教育不仅是他热爱并为之打拼半生的事业,更让他在当选为省政协委员后,极力为之鼓与呼。

在谈及基础教育时,朱华伟喜欢引用著名教育家梅贻琦先生的一段话:"学校犹水也,师生犹鱼也,其行动犹游泳也,大鱼前导,小鱼尾随,是从游也。从游既久,其濡染观摩之效,自不求而至,不为而成。""所以,深圳中学近年来一直努力引进和培育高学历、高专业水平的优秀师资,为学生的卓越发展领航,为学校的可持续发展奠定坚实基础。然而在这个过程中,我们也面临着一些难题:教师的待遇在行业领域里不具备竞争力、教师地位有待提高等。例如,大学在引进博士等高水平人才时,可以为其解决住房问题并提供一定的奖励,但是大部分中学目前还做不到这一点。出现类似这样的种种问题,在一定程度上也说明了目前基础教育在优秀人才引进方面的确做得还不够,一些'瓶颈'还难以突破。"朱华伟说。

如何加强基础教育教师队伍建设,吸引更多的"大鱼"来从事基础教育工作?朱华伟认为有两个着力点:一是提高教师物质待遇；二是保障教师价值实现。

"一方面，用高薪和其他福利待遇吸引高水平人才投身基础教育事业，让最优秀的人教育下一代，培养出更优秀的人。"朱华伟说，目前中小学教师待遇偏低依然是不争的现实，我们应该鼓励博士等高学历人才投身基础教育事业，争取为他们提供更好的福利待遇，让每位教师都能不为物价和房价所困，让每位教师都能更加体面地教书。另一方面，要在高端学术和一线教学之间搭建桥梁，让教师"在岗位上有幸福感，在事业上有成就感，在社会上有荣誉感"。"只有一流的师资是不够的，还需要有适合一流师资发挥作用的软环境、软机制，因此要打通高学历高水平教师的发展通道，才会吸引和留住更多的优秀人才。学校的任务是真正挖掘和释放每位教师的专业学术力量，让他们在三尺讲台一展研究所长，有所建树，成就感自然而来。"

——本文刊发于《深圳特区报》2019年1月28日A02版

1-3 名校博士当中学老师是"大材大用"

近日,深圳中学发布的2019年拟聘教师名单显示,新聘的35名教师均为硕士以上学历,其中20人毕业于北京大学、清华大学,1人毕业于哈佛大学。这些教师中,27人为硕士,8人为博士(3人为博士后)。

这一份"豪华"的教师名单引发社会广泛关注,有人认为"不逊色于一些高校的教师招聘名单"。名校博士当中学老师是否"大材小用"?记者连线正在英国、瑞士、奥地利等欧洲国家著名高中访问的深圳中学校长朱华伟,揭秘深中师资为何如此"豪华"。

南方日报:自您成为新"掌门人"后,深中招收高层次人才的步伐加快。为何招收这么多高层次人才?

朱华伟:学校之大,不在大楼之大,而在大师之大。我一直认为,要想办好一所学校,首先要有一个好校长,然后要有一批好教师,教师对学生的一生有着重要的影响。

一方面,世界一流学校毕业的教师往往拥有更广阔的格局和视野，以及更加丰富的学术资源，因此更容易培养出世界一流的学生。例如，我们2018年引进的清华大学博士刘莹，是刚刚当选美国国家科学院外籍院士颜宁教授的学生。她所拥有的平台、资源，受到的训练，必定是一般大学的毕业生无法企及的。当她走上讲台之后，就可以将这些最前沿的知识转化为课程，让学生受益。除此之外，深中与16个世界知名企业、大学合作成立了创新体验中心和创新实验室，因此需要引进一批具有较强科研背景的高层次人才，充分利用这些优质的平台和资源，指导学生进行科技活动，参加国际高端赛事，进而发展其批判性思维和创造性精神。

另一方面，越优秀的学生，越需要优秀的教师引领。深圳中学拥有全国最优秀的学生，面对这样一个优秀的学生群体，我们有责任引进更多高层次人才来引领他们向更高的平台发展。所谓"名师出高徒"，如果教师自己不优秀，面对高徒，只能是束手无策、捉襟见肘。另外，"名师"和"高徒"很多时候也是相互成就的，深中优秀的教师培养了一批批优秀的学生，同时也正是这些优秀的学生让优秀的教师们获得了职业成就感和幸福感。

南方日报：今年深中拟招收的35名新教师都是硕士以上学历、毕业于名校。现在学校招收新教师的门槛是否比较高？主要注重考核教师的哪些能力和因素？

朱华伟：近两年，深中北大、清华毕业的教师从6人增加至39人，博士从4人增加至30人。2019年引进的35名教师中有13人毕业于北大、7人毕业于清华，还有5名教师毕业于哈佛大学等世界顶尖名校。

由于深中泥岗校区的开办，这几年深中将会新增300多位教师，我们希望引进一批具有世界一流学校教育背景、热爱教育的教师。

名校、高学历可以是一个人过往学习能力的证明，但绝对不是万能的"通行证"。近年来深中一直在提高引进新教师的门槛，同时也十分注重考核教师的道德修养、教育情怀、科学精神、人文素养等。

学高为师，身正为范。一个师德高尚、言传身教、以生为友的教师才是学生心目中理想的教师、可信赖的教师，甚至会成为学生崇拜的偶像，从而对他们的兴趣、爱好、理想、追求，以至专业的确定、人生的选择都会产生深远的影响。当学生看到自己的老师是先进思想、人类文明的化身的时候，他们所受到的思想影响和心灵教育必然是深刻的。这样的教师甚至会成为学生的精神支柱，支持他们的理想追求。尽管这种影响是潜移默化的，甚至是间接隐蔽的，但它却是强烈持久的，甚至是终生永恒的。

科学与人文并重，是我们当下人才培养的一个追求；尤其是人工智能越发达，越是要注重科学教育与人文教育的融合。很多大科学家，对人文大都有涉猎，他们有的文笔优美，甚至可以媲美文学家。我们希望我们的学生具有理性思维、实证方法和批判态度，我们也希望他们关心社会、关爱人类，具有正确的世界观、价值观和人生观。我们致力于培养出什么样的学生，就需要引进什么样的教师，因此科学精神和人文素养是我们在考核教师时特别注重的两个重要因素。

除此之外，一名合格的教师一定是热爱教育、热爱学生和热爱生活的，他们对教育怀抱热忱之心，对学生充满关爱之情，对生活保持积极心态。凡成大事者，必有大志；凡有大志者，必临危不惧、乐观向上，正确对待困难和苦闷，正确对待压力和挫折。

同时，学校也将对引进的高素质人才进行教师教育的培训，为他们成为高素质专业化的教师提供支持。

南方日报： 近年来，有了多位优秀教师的"加盟"，深中人才培养的效果是不是更好？体现在哪些方面？

朱华伟： 我们不遗余力地引进名校毕业的硕士、博士教师，看重的不仅是他们扎实的学科背景，还希望这些高层次人才给予学生更多高端的学术引领。例如，北京大学化学生物学与分子生物学院裴涧雯博士，最近就"免疫调节"这一主题在深中课堂开讲。免疫调节与我们的生活息息相关，也是当前生命研究的热门领域——2019年诺贝尔生理学或医学奖就颁给了该领域的两位科学家。

裴老师在介绍完免疫的基本概念与功能之后，基于当前的研究成果，补充了细胞免疫和体液免疫的经典通路，启发学生自主对比教材知识与前沿动态，深入理解"细胞免疫与体液免疫中出现的T细胞的异同"这一高中生物疑难点。立足教材，高于教材，又回归教材，裴老师高屋建瓴的备课思路和扎实的学科素养获得师生的一致好评。

除此之外，从学业表现看，深中每年考入北大、清华的学生有30人左右。近三年高考，29人进入省理科前100名，深圳其他学校合计29人；4人进入省文科前20名，其他学校合计7人。迄今为止获得14枚国际学科奥林匹克金牌，2018年获3枚金牌，排名全国第一。在海外录取方面，深中近几年也保持骄人战绩，总体实力位居全国前三。2017年U.S.News排名前30的美国大学录取深中学生84人，10名学生被藤校录取，牛津、剑桥大学录取4人；2018年U.S.News排名前30的美国大学录取88人，9名学生被藤校录取，牛津、剑桥大学录取7人；2019年U.S.News排名前30的美国大学录取90人，7名学生被藤校录取，牛津、剑桥大学录取5人。

深中学生的优秀不仅指学业成绩，还包括社会担当、国际视野、创新精神等，这些都是现代公民所必备的素养，也是深中学生鲜明的特质。

南方日报： 您是深圳首位具有博导头衔的中学校长，带领这么多高素质教师，希望带领深圳中学实现怎样的发展？

朱华伟： 中国的基础教育在世界上已有一定地位，但真正达到世界一流水平的高中还比较少。中国有两所中学是大家公认的国内最好的高中：北有人大附中，东有上海中学，在华南地区还没有一所跟这两所学校可以比肩的学校，身处深圳的深圳中学就有与这两所学校实现"三足鼎立"的潜质。

深圳中学经过70余年的积累，是"省内领先、国内一流"的名校，我们有条件向"世界一流"的目标迈进，这也跟深圳的城市发展和定位相匹配。深圳的目标是成为国际一流的现代化国际化创新型城市，深圳中学作为以城市命名的学校，是深圳教育的窗口和文化名片，理应冲刺世界一流，这是深圳发展的需要，也是国家发展的需要。我国正大力推进大学"双一流"建设，打造一批世界一流大学和一流学科。但如果没有数量更多的世界一流中学作为支撑，怎么会有世界一流大学？

因此，我希望把自己的教育智慧和教育经验奉献给学校，与全体教职员工一起，将深圳中学建设成为中国特色世界一流高中。建设世界一流学校，其实就是构建世界一流的教育生态，包括良好的外部环境，先进的办学理念，一流的师生群体以及校本课程、校园文化、硬件设施、国际化水平等。

学校今后会坚持以"立德树人"为根本，组建世界一流团队、构建世界一流课程、建设世界一流校园、塑造世界一流文化，为更多老师提供发展平台，为国家培养更多优秀人才，为建设世界一流高中贡献深中智慧和深中方案。

南方日报：有人觉得清华、北大毕业的学生到中学任教是大材小用，您如何看待这种观点？

朱华伟：基础教育是人才成长的起点，青少年素质培养的根本在教师。最优秀的人才能培养出更优秀的人，真正的"大材"才能培养出"大材"。我们就是希望引进更多高层次教师，培养更多高水平中学生，为一流大学输送一流生源，为国家发展储备杰出人才。

国运兴衰，系于教育；兴校之道，始于人才。如今，越来越多高学历的人选择来当老师，把自己所学所得教给祖国的下一代，这一定是"大材大用"，对人民、对社会来说都是一大幸事。

——本文刊发于《南方日报》2019 年 5 月 21 日 AⅡ 版

1-4

教者大爱，不辱使命
——新冠疫情期间致深中全体教师的信

各位深中人：

  2020年的寒假，让人不寒而栗。突如其来的新冠疫情牵动着人们的心，许多一线医务工作者自愿参与新冠的治疗，让所有国人为之动容。

抗疫一线医务工作者

  医者有仁心，教者有大爱。在教育部呼吁各级教育部门和学校"停课不停教、不停学"的大背景下，为了帮扶教育资源不足地区的学校师生，包括我们对口扶贫的学校师生，深圳中学第一时间响应国家号召，计划面向全国开放直播课程，这不仅是我们每个人践行职业使命、履行社会责任的担当，更是深中为教育均衡做贡献的探索和"先行示范"的体现。

积极尝试、大胆开拓是"先行"，提升质量、保证品质才是"示范"。向全社会开放线上直播课程在深中历史上是首次，也是一次不小的挑战，但挑战和机遇往往是并行的。在全国范围内公开课程，就要做好接受质疑和批评的准备，古有吕不韦悬赏改《吕氏春秋》一字千金，今天我们全面开放课程就是为了听取建议、不断进步，争取将线上直播课程做到全国一流的水平——这是深圳中学建设中国特色世界一流高中的重要一环。

1993年4月，评特级教师时我要上一节参评课——"三角函数的周期性"。为了上好这节课，我查阅了所有关于三角函数周期性的文献，从创设问题情境、引入概念、例题讲解、方法总结到数形思想的渗透，精心编写教案。我还特地从汉口骑自行车、坐轮渡去武钢三中向全国著名特级教师钱展望[①]老师请教，得到钱老师画龙点睛的指导。经过这一节课的锤炼，我对课堂教学有了更

与钱展望老师在深中新校区门口的合影

---

① 钱展望，全国教育系统劳动模范，"全国五一劳动奖章"获得者；共辅导11名选手入选IMO中国国家队，其中7名选手获金牌、1名选手获银牌；1998年IMO中国国家队的6名选手中有3名选手是钱展望先生的高徒，这一年中国队因故未参赛。

深刻的认识和层次上的升华，后来这节课的教案由《中学数学》主编约稿发表。这也成为我和亦师亦友的钱老师交往中值得回忆的一段佳话。我相信各位线上授课的老师，一定也会通过这次活动在教材处理、教学策略、技术应用、团结合作等方面有质的提升。

为全国的中学生提供优质的线上直播课程，是提升自己的宝贵机会，更是在这个特殊时期身为人民教师应当肩负的使命。早在十五年前，钟南山领导的课题组就撰文呼唤新的人文精神，"以开放、自主的姿态融入全球化浪潮，在文化上、精神上建立更开放、更成熟的民族意识"。向全国中学生公开课程，正是彰显成熟、开放精神的应有之义，同时也体现了深中教师的宽广格局和担当精神。

最是担当见初心，敢为砥柱铭使命。深中拥有先进的办学理念、科学的课程体系、一流的师资队伍，尤其是近三年从海内外名校引进了一百多位优秀毕业生，因此我非常有信心：深中有能力，也有足够的实力承担起这次重任。希望各位科组长身先士卒、迎难而上；希望所有参与其中的老师不辱使命、攻坚克难；希望所有的行政教辅人员都能守土负责、守土尽责——这是"逆行者"的真正内涵。

医生和教师，一曰救人，一曰育人。在举国遭难的当下，这两个职业都不会缺位，医生和教师都可以称得上是这场疫情中的"最美逆行者"。"行路难！行路难！""欲渡黄河冰塞川，将登太行雪满山。"所幸的是，冬渐暖，春不远；愿山河无恙，人间皆安。在这场没有硝烟的"战疫"中，一直以来秉承"追求卓越，敢为人先"精神的深中人，一定会不畏艰难，勇往直前。教者大爱，不辱使命，向每一位逆行者致敬！

2020 年 2 月 4 日

1-5

创业维艰，奋斗以成
——就任深中校长四周年致中层干部的一封信

各位同仁：

大家好！

白驹过隙，时光荏苒。2017 年 1 月 17 日，年逾 54 岁的我就任深中校长，至今已整整四年。四年来，我们同甘共苦，经历了很多事情，也收获了很多荣誉；在市委市政府、市教育局的正确领导和社会各界的大力支持下，我们奋发图强、持之以恒，学校各项事业蓬勃发展，稳步迈向新台阶，不断取得新突破。

2020 年，是我们近年来最艰难的一年——深中新校区开办之初，我们面临重重困境和严峻考验。为了应对新校区启用的磨合期、疫情期间的种种限制，再加上因大规模扩招（高一年级从 16 个班扩招到 43 个班）带来的食堂、住宿、师资困难等因素导致的重重困境，连轴转的工作让我积劳成疾，2020 年 11 月初腰肌劳损，一度要躺在办公室行军床上与各位商议工作；就这样，我与大家一道，勠力同心、攻坚克难，为深中发展竭尽心力，最终我们给自己，也向社会交出了一份满意的答卷。

创业维艰，奋斗以成。世界一流学校一定拥有一支世界一流的干部队伍，学校所有成就的背后都有大家的辛勤付出和无私奉献，深中因为有你们才有了今天，衷心感谢各位对深中发展做出的卓越贡献，同时感谢大家对我的关心、支持和帮助。

2021 年，是中国共产党建党 100 周年。百年初心，泽被后世。从播下革命火种的小小红船，到领航复兴伟业的巍巍巨轮，在百年奋斗历程中，我们党领导人民取得了举世瞩目的辉煌成就，书写了波澜壮阔的历史画卷。百年征程波澜壮阔，百年初心历久弥坚。"坚持真理、坚守理想，践行初心、担当使命，不怕牺牲、英勇斗争，对党忠诚、不负人民"，伟大建党精神是中国共产党的精神之源，是中国共产党人鲜明的精神品格。

世界一流的干部队伍一定会有更大的担当与作为，希望你们"要以先辈先烈为镜、以反面典型为戒，不断筑牢信仰之基、补足精神之钙、把稳思想之舵"[1]，敢于担当作为，不断开拓创新。期待今后与大家携手创造更多深中故事，谱写更多深中绚丽华章，实现人生价值，演绎精彩人生。

时代在变，环境在变，不变的是深中人的教育情怀和为学校发展而努力的坚定信念，衷心祝愿大家在新的一年里，工作顺利、生活幸福、快乐安康！

2021 年 3 月 2 日

---

[1] 习近平在中央党校（国家行政学院）中青年干部培训班开班式上发表重要讲话强调 立志做党光荣传统和优良作风的忠实传人 在新时代新征程中奋勇争先建功立业．人民日报，2021-03-02．

1-6

从《觉醒年代》谈"校之大者"
——在全校教职工大会上的演讲

尊敬的各位老师：

大家好！

一个偶然的机会，我看到《觉醒年代》的一个片段，印象十分深刻。这部43集的电视剧，讲述了1915年到1921年，短短6年之间中国翻天覆地的变化：新文化运动、中国在巴黎和会上的外交失败及其引发的五四运动，最后是划时代的事件——1921年中国共产党的成立。

最近每天下班回家，我都会追几集《觉醒年代》。当看到我们国家危难、民不聊生、青年觉醒、山河激荡的时候，我常常满含泪水——为那个年代的知识分子和革命先驱的情怀、担当和智慧所震撼、所感动。今天借此机会，我想以《觉醒年代》这部电视剧给我的启发为背景，从思想启蒙、理想信念和实干担当三个方面与大家分享一些关于教育的想法。

一、思想启蒙

中国人是背负着八国联军攻占北京的耻辱进入20世纪的。在救亡图存的艰辛探索中，辛亥革命没有完成反帝反封建的历史任务，北洋军阀的混战让苦难深重的中国人民看不到出路，探索者们尝试了各种"主义"、各种"方案"，但都以失败收场。

在这个民族危亡的关键时刻，陈独秀说："民众觉醒了，中国才有希望。"混沌黑暗的岁月里，蔡元培、陈独秀、李大钊、胡适、鲁迅、钱玄同等一批仁人志士觉醒了，高举着"德先生"和"赛先生"的大旗，为时代的暗夜带来新文化和新思想的火种。

革命道路，千难万险。陈独秀说："你们以为唤醒一个被封建思想禁锢了几千年的民族是那么容易的吗？你们以为要扫除我们这个民族血液里面的麻木冷漠、惰性思维是一日之功吗？"

为救亡图存，他们创报刊、著文章、开民智、扶志气。集结全国有识之士的星星之火，他们以燎原之势点燃国人求知识、爱国家的血性。在那国难深重的年代，知识分子都尚能排除万难，立志为教育事业奉献，何况今天的我们？

我们每一位老师都应时刻反省自己，我们对待工作是否也存在"麻木冷漠、惰性思维"呢？一个学校的发展求的是每个人努力的"代数和"，代数和中不仅有正项，还会有负项，正负会互相抵消，因此我们就应尽量减少努力值中的负项，否则会让很多人的正向努力变成"无用功"。同时，学校发展如逆水行舟，不进则退，只要有一个人不努力、不上进，只要有一个人在应付工作、不主动作为，也势必是在拖深中发展的后腿。

初心易得，始终难守。辜鸿铭说："什么是真正的中国人？中国人的精神是永葆青春的精神。"希望各位老师都能时刻保持工作激情和工作热情，不要工作一段时间之后就懈怠了、麻木了、冷漠了，这是非常可怕的。山雄有脊，房固因梁。深中要为国家培养世界一流的人才，这个目标的实现需要每一位老师初心不改、青春始终，因为你们是支撑深中未来发展的生力军，深中未来的蓝图需要在座的每一个人放眼畅想和奋力描画。

一百年前，开民智，做教育，可救中华民族于生死存亡之际。一百年后，中国要在世界舞台上发出更响亮的声音，更需要教育者面向世界，面向未来，积极承担起自己应负的责任。

二、理想信念

2020年4月20日，习近平总书记在陕西考察时强调，"各级党委和领导干部要自觉讲政治，对国之大者一定要心中有数"。所谓"国之大者"，解决的是思想认识上的格局和高度问题。那么"校之大者"呢？同样需要各位老师不断开阔眼界，存大格局，立宏伟志愿。

蔡元培说："教育救国、科学救国、人才救国，这正是我蔡元培之追求的理想。"

李大钊说："为了国家利益，我们现在需要一个彻底的革命！把思想觉悟和行动觉悟结合起来！我李大钊愿意当这个急先锋，九死而不悔，虽万千人吾往矣！"

南陈北李相约建党时，面对苦难深重、流离失所的同胞，共同立下誓愿："为了让你们不再流离失所，为了让中国的老百姓过上富裕幸福的生活，为了让穷人不再受欺负、人人都能当家做主，为了人人都受教育、少有所教、老有所依，为了中华民富国强，为了民族再造复兴，我愿意奋斗终生！"

个人命运与国家命运休戚与共，息息相关。少年强则国强，也只有祖国强盛，我们每个人才能安居乐业，过上自己理想的生活。当前，我们每位教师都应牢记使命，为国育才，为社会主义育才。我们有责任为社会主义现代化建设不断输送高质量的新鲜血液。

2019年，习近平主席出访意大利期间说："这么大一个国家，责任非常重、工作非常艰巨。我将无我，不负人民。我愿意做到一个'无我'的状态，为中国的发展贡献自己。"回首过去40年的工作经历——从一名农村中学数学教师、团委书记,到市教研员、区教育局局长,再到中学校长、大学研究所所长、市教研院创院院长,一直到如今的深中校长,无论在什么地方、从事什么工作,我始终都以"忘我"的状态投入工作中,兢兢业业、恪尽职守、夙夜在公,耐得住治学的寂寞、守得住生活的清贫、经得住外界的诱惑,不计个人之得失、不争一时之长短。

在座的各位,身为深中教师,我们也要不断提高思想站位,心中存"大我",立大志、有远见,忠于职守、甘于奉献,努力培养出为国家、为民族、为人类做出卓越贡献的栋梁之材。

当然,单单是仰望星空还是不够的,远大的理想信念需要每一天切实的行动和努力作为基石。作为一名教育工作者,我们的工作说大也大,说小也小,但我相信,做好它,永远在于将每一件小事做到极致。

三、实干担当

蔡元培在《新青年》编委会上提出的一个观点让我印象非常深刻。他说:"要干成大事,必须严格要求。"任何事业的成功不可能一蹴而就,都要靠一朝一夕、点点滴滴的实干和积累,并且还要随时保持极其严谨的工作作风和工作习惯。

1949年4月,毛泽东为自己的文章《五四运动》及《中国人民解放军布告》中的文字错误分别给《北平解放报》和新华社写信,并附上更正表要求予以更正。毛泽东严谨细致、一丝不苟的治学精神由此可见一斑。

2017年1月,我一到任深中校长,就对学校各类文件及宣传文章提出了严格要求并一一把关,每份文案的检查都从逻辑、语法、修辞一直细化到每一个标点符号的正确使用。高标准就会有高质量，深中微信公众号近五年不断提升的推文品质就是一项例证。"天下大事，必作于细。"每一个文字、每一个标点，看似事小，但意义重大。深中近几年实现的"大"跨步发展，正是由类似这样的一点一滴的"小"细节累积而成，正是我们每个部门、每位老师在日复一日的每一项看似平常的工作中始终端正态度、狠抓细节的结果。

"祸患常积于忽微，智勇多困于所溺。"深中人要对自己严格要求，最重要的是要实干担当。

陈独秀说："天生我才，不敢担当，就是失职。""干革命哪有不苦的。可这苦是我自找的，我情愿的，乐在其中。"

毛泽东说："天下者，我们的天下；国家者，我们的国家；社会者，我们的社会。我们不说，谁说？我们不干，谁干？"

2020年，经向上级部门反复请示、多次沟通后，深中初中部改造项目终于获批立项，在拆除扩建工程的开工仪式上，我百感交集、五味杂陈，说了这样一段话："一直以来，深中初中部所取得的卓越成绩与它落后的硬件条件是极度不匹配的。回想第一次看到深中初中部简陋的教室、食堂、卫生间……我不敢相信，在中国最富裕城市的最好中学的初中部里，竟然是如此艰苦的办学环境。即便这样，我们的老师和学生依然取得了优异的成绩，非常了不起。但是作为校长，我觉得愧对这么多优秀的孩子和老师，愧对为深圳发展做出贡献的建设者，更愧对这座先行示范的先锋城市。所以，我们克服重重困难，坚持对深中初中部进行改扩建，这不仅是为了给师生营造更好的教育环境，更重要的是为我们深圳未来的发展培育后备人才以及引进高水平人才贡献力量，因为地区引进优秀人才的核心竞争力，就是要有高水平的基础教育做配套。"

再以深中新校区为例，从最开始外观设计方案的改变、一个还是两个分数线的艰难抉择到教师招聘标准的变革等，这一路以来我都顶着巨大的压力，常常夜不能寐。但是，深中是我们的深中，我们不干，谁干？敢于担当的精神非常重要，大家一定要相信"大浪淘沙"的历史发展规律，这个学校所取得的任何点滴成就都是我们大家同甘共苦、矢志奋斗的结果。

"邦之兴，由得人也；邦之亡，由失人也。得其人，失其人，非一朝一夕之故，其所由来者渐矣。"作为深中的教育者，我们的志向就是要办一所世界名校、世界一流高中，并坚定不移地向着这个方向前进，如果我们自己都没有这种担当、没有实干作风的话，那我们这个学校就肯定办不好，更不要谈建成世界名校。

各位同仁，没有一件事可以随随便便成功，深中取得今天的成就是一代代深中人前赴后继的成果，是深圳市委市政府、市教育局及社会各界支持的结果。"居安思危，思则有备。"深中已经发展到如今的高度，大家要对自己提出更高的标准和更严的要求，努力实现更大的突破和更好的发展。新中国体育界第一位世界冠军、乒乓球运动员容国团说过："人生能有几回搏！此时不搏，更待何时！"期待各位老师都能在深中干成大事、有大作为。

希望在深中度过的每一个日夜，能于大家而言不仅是一份工作，更是对自我价值实现、人生意义追寻的不断求索。当大家回首往事的时候，能不因虚度年华而悔恨，也不因碌碌无为而羞愧，可以骄傲地说，我已经把毕生的热血和精力献给了伟大的教育事业。

谢谢大家！

2021 年 7 月 13 日

1-7

有境界，自成高格
——在第二期青年教师教育领导力培训工程启动仪式上的致辞

尊敬的各位老师：

大家下午好！

今天，我们在此举行深圳中学第二期青年教师教育领导力培训工程的第一次会议暨启动仪式。各位老师愿意在做好本职工作的基础上，继续在教育领导力方面提升自己、服务学校，我为你们有这样的情怀而感到高兴和欣慰。我18岁走上中学讲台，40年来在许多不同的岗位上工作过，有一些想法和大家分享。

第一要树立理想。 20世纪20年代，从距离绍兴城40余千米的白马湖畔走出了夏丏尊、丰子恺、朱自清、朱光潜等一大批著名教育家，彼时的春晖中学大师云集，蔡元培、叶圣陶、黄炎培等著名学者慕名前来游学讲演。春晖中学在教育史上堪称奇迹，我希望深中也能像当年的春晖中学一样，不仅成为学生成长的乐园，也成为教育家成长的摇篮。这里所说的"教育家"不仅包括教学方面的专家，还包括教育管理方面的专家。深中近五年走出了近20位校长，如今都在各自岗位上兢兢业业、发光发热，深中因此也被媒体称为深圳教育人才的"黄埔军校"。学校未来几年的发展还需要大量的干部，希望在座的每一位老师要树立远大的职业理想，不仅服务深中，更为深圳服务，为国家服务，为世界服务。

第二要脚踏实地。教育不仅要有理想,更要有耐心、有韧性。当你进入一个全新的领域,少走弯路、快速进步的最好方法就是认真学习,一方面向经典学习,精选各自跟岗部门的权威图书、经典图书认真研读;另一方面向典范学习,向所在部门或者领域最优秀的学校学习,向全国乃至世界顶尖的高中和大学学习。"纸上得来终觉浅,绝知此事要躬行。"学习是基础,实践出真知,实践长才干。实践中一定会遇到各种各样的困难,而越是身处逆境越能锻炼人,越是严峻的挑战越能检验一个人的能力,因此要有锲而不舍的精神,百折不挠,越是艰险越向前,越挫越勇。正所谓"沧海横流,方显英雄本色",干部成长是一个大浪淘沙的过程,希望大家经得起考验,在考验中成长。

第三要总结反思。"日知其所亡,月无忘其所能,可谓好学也已矣。"一天又一天的工作不应是盲目地在原地简单重复,而是有目的、有方向地向前进步,每次进步有赖于你对自己所做工作的不断反思:自己哪里做得好可以发扬,哪里做得尚且不足还有待改进。有了想法之后要及时记录下来,我之前建议在深中官方公众号开辟《深中新锐》栏目,发表老师们在深中教育教学的所思、所想、所感、所悟、所获。这个栏目的每一篇文章我都认真看了,写得都很有水平,希望你们再接再厉,在反思中进步,在反思中成长。

第四要格局宽广。王国维在《人间词话》里说:"词以境界为最上,有境界则自成高格,自有名句。"做人也一样,尤其是身为一名人民教师,在做人做事上一定要率先垂范,提高思想觉悟,提高思想站位,不要斤斤计较,切忌自私自利,如果事事都"以自己为圆心、以身长为半径画圆",就只能是作茧自缚,更不会有好的发展。此外，身为一名世界一流高中的教师，一定要提升思想境界，提升审美格调，做人做事的标准要匹配深中的格局和定位，要么不做，要做就要对标世界一流的水准，达到力所能及的高水平。

深中这五年，经历了老校区改造、新校区建设、初中部重建、两次史无前例的大规模扩招，以及随之而来的教师、教室、食堂、宿舍的不足甚至紧缺，再加上近两年全国严峻的疫情形势，"内忧外患"，我们走过的路可以说在当今中国的所有名校中是最困难的，但全体深中人勠力同心、攻坚克难，就这样一步步跨沟迈坎地走过来了。我相信，深中的未来无比光明，但任何发展都不可能一帆风顺，希望每一位老师都能以学校发展为己任，集思广益、群策群力、不畏艰辛、迎难而上，践行责任担当，做出更大贡献。

最后，送大家一段话，是陶行知的"每天四问"——第一问：我的身体有没有进步？第二问：我的学问有没有进步？第三问：我的工作有没有进步？第四问：我的道德有没有进步？

祝大家在各自岗位贡献智慧和力量，实现人生价值。

2021 年 9 月 15 日

1-8

回望百年党史，筑牢信仰之基
——在党的十九届六中全会精神专题学习会议上的发言

> 2021年11月17日上午，深圳中学党委举行扩大会议，专题学习贯彻党的十九届六中全会精神并进行交流研讨。党委书记朱华伟主持会议，党委委员、校级干部、中层干部参加了会议。

尊敬的各位老师：

大家好！

党的十九届六中全会全面总结了党的百年奋斗重大成就和历史经验，充分体现了中国共产党不忘初心、牢记使命的坚强意志和坚定决心，充分体现了我们党深刻把握历史发展规律、始终掌握党和国家事业发展的历史主动和使命担当，充分体现了我们党立足当下、着眼未来的高瞻远瞩和深谋远虑。全会通过的《中共中央关于党的百年奋斗重大成就和历史经验的决议》，是一篇光辉的马克思主义纲领性文献，开创性提出"两个确立"的决定性意义，系统性总结"四个历史时期"的伟大成就，全局性概括"十个坚持"的历史经验，深刻揭示了"过去我们为什么能够成功、未来我们怎样才能继续成功"，发出了在新时代新征程上赢得更加伟大的胜利和荣光的号令。

学习纲领文件一定要结合我们的实际工作，要理论联系实际，这也是马克思主义"活的灵魂"，是"共产党人从斗争中创造新局面的思想路线"。

第一，回望百年党史，筑牢信仰之基。

百余年前，面对苦难深重、流离失所的同胞，南陈北李相约建党。百余年来，从播下革命火种的小小红船，到领航复兴伟业的巍巍巨轮，在百年奋斗历程中，我们党领导人民取得了举世瞩目的辉煌成就，书写了波澜壮阔的历史画卷，留下了弥足珍贵的宝贵经验和精神财富。

百年征程波澜壮阔，百年初心历久弥坚。我们"要以先辈先烈为镜、以反面典型为戒，不断筑牢信仰之基、补足精神之钙、把稳思想之舵，以坚定的理想信念砥砺对党的赤诚忠心"。在回看走过的路中，坚定信仰信念，增强自信自觉；在远眺前行的路中，敢于担当担责，不断开拓创新。

第二，以高远目标引领高质量发展。

自党的十八大以来，中国特色社会主义进入新时代，党面临的主要任务是，实现第一个百年奋斗目标，开启实现第二个百年奋斗目标新征程，朝着实现中华民族伟大复兴的宏伟目标继续前进。2017年，党的十九大对实现第二个百年奋斗目标做出分两个阶段推进的战略安排。在不同的历史发展阶段，一国有一国之奋斗目标，一校也要有一校之发展愿景，要以高远目标引领高质量发展。2017年，在中国特色社会主义进入新时代和国家加快建设"双一流"的背景下，我在深中建校七十周年庆典上正式提出"建设中国特色世界一流高中"的办学目标，得到省市领导、师生校友和社会各界的高度认可。

五年来，我们朝着这个目标稳步前进，办学短板得到弥补，办学优势更加突出，为学校进一步发展打下了坚实基础。下一步，我们每个部门都要瞄准新的工作重点稳步落实，对标世界一流，找差距、补短板。各位要有自我否定的胸怀和勇气，经常反思各自部门的工作有哪些不足，工作品质是否能进一步提升，从而找到下个阶段的工作重心，并制订计划弥补短板、实现发展。只有各个部门都发展好了，深中才能百尺竿头，更进一步。

　　第三，涵养中国精神，坚定文化自信。

　　不忘本来才能开辟未来，善于继承才能更好创新。党的十八大以来，以习近平同志为主要代表的中国共产党人，坚持把马克思主义基本原理同中国具体实际相结合、同中华优秀传统文化相结合。这其中的"同中华优秀传统文化相结合"要引起我们的格外重视。中华优秀传统文化是我们的"民族基因""文化血脉""精神标识"，中华优秀传统文化教育也是中国特色世界一流高中人才培养的主要内容。

　　深中的培养目标是"具有中华底蕴和国际视野的拔尖创新人才"，中华优秀传统文化就是"中华底蕴"的重要组成部分，我们要进一步加强以爱国主义为核心的民族精神教育，加强以改革创新为核心的时代精神教育，加强中华优秀传统文化教育以及中共党史与国情教育；将中华优秀传统文化融入课堂，融入思想道德教育、文化知识教育、艺术教育、体育、社会实践教育等环节，立德树人，更加重视与中华优秀传统文化相关的校本课程建设及教材出版工作，弘扬中国精神，坚定文化自信。

　　第四，切实加强干部队伍作风建设。

　　习近平总书记强调："打铁必须自身硬，办好中国的事情，关键在党，关键在党要管党、全面从严治党。"① 必须以加强党的长期执政能力建设、先进性和纯洁性建设为主线，以党的政治建设为统领，以坚定理想信念宗旨为根基，以调动全党积极性、主动性、创造性为着力点，不断提高党的建设质量，把党建设成为始终走在时代前列、人民衷心拥护、勇于自我革命、经得起各种风浪考验、朝气蓬勃的马克思主义执政党。

五年来，深中逐渐形成了风清气正的工作氛围和干事创业的良好环境，在新的发展阶段要更加重视并加强干部作风建设。一是勤勉敬业。作为学校干部，一定要恪尽职守，率先垂范。我已年近六旬，仍然兢兢业业，夙夜在公，最近在夜以继日地整理撰写《数学培优竞赛讲座》，常常工作到深夜。希望大家都能发扬勤勉进取和艰苦奋斗的精神，杜绝思想懈怠，少应酬，把时间花在读书、工作上，以身作则、不懈追求，为党育人、为国育才。二是廉洁自律。作为学校干部，一定要严于律己、宽以待人，洁身自好、清廉自守，不搞圈子文化，坚持五湖四海，经得住考验、抵得住诱惑、守得住底线，涉及人事、财务、招生、采购、基建等工作的部门尤其要自律自守，落实负面清单，提升履职效能。

2021 年 11 月 17 日

---

① 中共中央关于党的百年奋斗重大成就和历史经验的决议. 人民日报, 2021 - 11 - 17.

1-9

济济多士，乃成大业
——在深圳中学博士工作室成立大会上的致辞

各位青年才俊：

大家下午好！

今天看到深圳中学这么多优秀的博士教师齐聚一堂，非常开心。2017年1月我就任深中校长，100年前也就是1917年的1月蔡元培先生任北大校长，这个非常巧合的时间点对我是一种激励，向蔡先生学习，把深圳中学办成海内外著名的世界一流学府。我到任深中校长时，学校只有两位博士——邵卓和王菁，两位都是

博士工作室成立大会现场合影

物理老师，我是第三个博士。想要办世界一流高中，仅仅三个博士是远远不够的，因此我在第一次全校教工大会上提出了建设一流高中的多个维度，其中有一个就是：在我任内要引进100位博士。当时有很多老师不相信，觉得这是很难实现的目标，结果我们今天实现了。

你们带着对教育的无限热忱和对深中、对我的充分信任来到了深中，那么，如何在深中为你们提供充分施展才华、实现价值的平台，是近几年一直萦绕在我心头，让我反复琢磨、思考并努力实践的一件事。

六年多来，我们不拘一格，为各位博士教师提供多元发展机会，例如每年安排一些刚毕业的青年教师到高三任教，这在全中国的高中里面应该都是敢为人先的大胆尝试，事实证明，我们这样做的效果非常好。再如，我们安排组织管理能力强的年轻教师到行政岗位上历练——张佩值老师在北大读博期间任北京学联主席，目前在深中担任团委书记，学生工作做得很出色；美国特拉华大学博士罗天挚老师，带学长团带得非常好；新加坡国立大学博士周小微老师任高三物理科组长；清华大学博士高阳老师任信息科组长。当你们站稳讲台，熟悉教育教学工作后，我鼓励各位积极开设各种各样的选修课，开办深中博士讲堂，水平都非常高，这成为深中目前培养学生的亮点之一。六年多来，各位无论是教学，还是做班主任，或者带学生做科研、参加科创竞赛，都做得非常出彩。例如英国南安普顿大学博士胡楠老师指导的学生田一丁今年成功入选有"小诺贝尔奖"之称的国际科学与工程大奖赛中国国家队。

但这些还远远不够。两年多前，我就在思考，要成立深中博士工作室。机缘巧合，2021年5月广东省分管过教育的副省长覃伟中博士任深圳市市长。覃市长是清华大学的本硕博，有大格局，一直关心和支持深中的发展，当月，我向他提交了一份《关于支持深圳中学建设中国特色世界一流高中的请示》，其中就有一条"成立深圳中学博士工作室"。经过两年的努力，虽然中间经历了许多困难，但可喜的是，这件事最后还是做成了。

这只是一个开始，深中是开放的，各位青年教师发展的平台是开放的。博士工作室只是服务于各位教师专业发展的其中一个平台，如果大家还有更好的点子，我们可以随时开辟新的赛道。单就博士工作室来讲，我们也不会局限于今天成立的 7 个，可以开到 8、9、10…n 个。由 0 到 1 是最难的，有了 1 之后，我们可以从 1 推广到 n。老子说："道生一，一生二，二生三，三生万物。"这也是数学归纳法的雏形。如果大家有更好的新点子，只要是为学生成长服务，为教师成长服务，为深中发展服务的，都可以提出来，学校都全力支持。

关于博士工作室的管理，也是动态的。其一，体现在可以根据需要增加新的博士工作室。其二，体现在博士工作室里可以增加新的人员。我们一共有一百多位博士，但是今天只有 24 名博士参加了博士工作室，大概只占 1/4，所以希望有更多博士加入进来。其三，体现在博士工作室之间可以有交叉，鼓励学科交叉融合。希望各工作室积极拓展学科覆盖面和工作范畴，促进师生全面发展、充分发展。

博士工作室成立后，具体如何操作呢？首先，我们要吸引更多的学生加入进来。我们要始终牢记，我们的服务对象是学生。如果没有学生，博士工作室就是空中楼阁。为什么我两年前提出要成立博士工作室，一方面是因为我们的博士够多，另一方面是因为我们的学生够多。深中现在有足够多的优秀学生支撑我们的博士工作室。除了本部之外还有十余所集团校，我们今年秋季就会开办两所新的集团校——深圳中学光明科学城学校和深圳中学大鹏学校，明年会开办两所学校——龙华学校和坂田学校。深圳中学高中园今年借址办学，明年秋季正式开学，包括三所学校，分别是深中数理高中、深中科技高中和深中实验高中。

各博士工作室要通过一定的科学普及吸引更广泛的学生加入。例如，可以针对不同学科或项目，通过博士讲堂等方式，开展系列科普讲座，提升科学教育水平。毛泽东在《在延安文艺座谈会上的讲话》中指出："我们的提高，是在普及基础上的提高；我们的普及，是在提高指导下的普及。"[1] 每个博士工作室都要做科普工作，我相信会有大量的喜爱动手动脑的同学加入博士工作室。只有吸引到更多的学生来参加，工作室才有生命力；只要有一定数量的学生做支撑，就会有拔尖的学生不断成长起来。

然后，要明确博士工作室的任务和目标。现在我们的七个工作室基本都对应国内外各大学术竞赛、科技创新活动，或者是联考。但这只是手段，不是目的，我们要以此为平台促进学生的成长，让学生在工作室里有收获、有兴趣、有成果，这是我们的第一目标。在学生成长的同时，各位博士老师也能通过这个平台获

---

[1] 毛泽东. 毛泽东选集：第3卷.2版. 北京：人民出版社，2006：862.

得成长。有句谚语叫"十年秀才如白丁",你们读博期间都深耕于各个领域的最前沿,来到深中以后一定要珍惜和利用好学校各种学术平台,在教好书的同时保持科研的兴趣和"胃口",提升研究能力和水平,否则三五年后就落伍了。深中拥有世界一流的学生,你们和学生一起研究肯定比你们自己苦思冥想效果好;你们指导学生做研究的过程也是教学相长的过程,你们可以和学生合作发表论文、出版著作、申报课题等。这就是一个非常好的转化,大家一定不要满足于只是把书教好,要在课堂之外做出更大的成就。我们每年都会对博士工作室进行评估,并给予相应的鼓励和奖励。

"济济多士,乃成大业;人才蔚起,国运方兴。"再次向在座的各位博士老师呼吁:希望大家提出更多好的想法,支撑深中发展,学校会全力支持;希望在七个博士工作室的基础上,将来能成立更多的博士工作室;希望每个博士工作室里都有更多的青年才俊加入。

"大道之行,壮阔无垠;大道如砥,行者无疆。"今天特别开心,看到这么多青年才俊到深圳中学来,得天下英才而教育之。我们一道,为深中、为深中的孩子、为深圳先行示范区、为国家的教育做一些创新的工作,传播深中智慧和方案,进而辐射到更多学校。我代表学校表个态:深中会想尽一切办法,千方百计为大家提供好的工作平台、工作环境和待遇,让每个人都能在从事教育事业的过程中实现个人价值,都能在深中收获满满的成就感、幸福感、自豪感。

谢谢大家!

2023 年 4 月 18 日

1–10

立己达人，成德达材
——漫谈青年教师成长

教师对学生一生有着重要的影响，一所好学校的标志，不在于它设在何处，有多大的规模，有多少设备，最重要的是要有一流的校长和教师。美国教育委员会（American Council of Education）发布的指导性文件《创造未来——改变教师的培养方法》认为，学生的成功主要依赖于教师的水准，与学校的条件、学生的家庭背景、所在社会的性质等其他影响学生成长的因素相比，"最为重要的唯一因素就是教师的水准"。

一、师德为先，身正为范

言传身教是中国教育的光荣传统，好的教育，在于你在一所好的学校里，遇到了一生可以效仿的典范和崇敬的榜样。作为教师，不仅要传授知识，更要用自己的视野和格局引领学生，用自己的人格和品格感染学生，用自己的习惯和性格影响学生。学高为师，身正为范——正如徐特立之于毛泽东、藤野之于鲁迅、沈元之于陈景润、袁伟民之于中国女排。一个师德高尚、灵活施教、言传身带、以生为友的教师才是学生心目中理想的教师、可信赖的教师，他会成为学生崇拜的偶像，对学生的兴趣、爱好、理想、追求，以至专业的确定、道路的选择、人生的方向产生深远的影响。当学生看到自己的老师是先进思想、人类文明的化身的时候，他们所受到的思想影响和心灵教育必然是强烈的、深刻的、持久的，这样的老师会成为学生的精神支柱，会引导学生塑造正确的人生观和价值观，支持他们早立大志，存大格局。因此，教师修炼自己的内功，以内圣外美的良好形象和人格魅力影响学生至关重要。希望教师都能够成为学生为人处世、治学研究的榜样。

育人宜循循善诱，博文约礼；谆谆教诲，成德达材。面对信息时代成长起来的、有思考善求知的新一代学生，要使他们成长为肩负未来使命的拔尖创新人才，教师必须"打铁还需自身硬"，摒弃单调乏味的教学内容与照本宣科的教学方法，找到符合学生心理特征和成长规律的教学手段，让学生从知之者逐渐成为好之者，从好之者最终成为乐之者。教育的艺术，在于启发与引导。正如王阳明先生所言："君子之教，喻也。"教师从实际问题出发，以提升能力为导向，挖掘每个学生独特的兴趣方向和发展潜能，让学生在自主探究的过程中领悟真知，从而学有所获、学有所长、学有所悟，成长为德才兼备、全面发展的栋梁之材。

二、学而不厌，诲人不倦

"学不可以已"，教师的持续学习是其职业生涯中不可或缺的一部分。通过学习，教师不仅能够维持和激发自身的创造力，还能不断突破自我，追求更高的职业成就和人生理想。21世纪是一个竞争与挑战的时代，是一个学习型的时代，是一个需要潜心读书的时代。我相信，教师只有做到"风声雨声读书声，声声入耳；家事校事国家事，事事关心"，才能俯仰于天地之间，塑造一代新人坚强的灵魂和崭新的形象，以高水平教育支撑中华民族伟大复兴的腾飞。

第一，向书本学习专业知识。爱好学习、爱好读书应该是所有教师的职业素养和习惯。如同军人喜爱武器、孩子喜爱玩具一样，教师的第一至爱应该是书籍。只读教材和教参（辅）的教师是无论如何不能被称为优秀教师，也不可能成为优秀教师。从教师阅读的内容与类别上说，应该既包括教育名家的经典著作，也包括中小学教师的经验分享、反思记录、教育案例、教改文章与著作；既包括通识类知识的横向普及，也包括学科专业知识的纵向加深。自然科学和社会科学的教师尤其要注意的是，各自人文素养和科学精神的提升。关于教育类书籍，我推荐苏霍姆林斯基的《给教师的建议》《帕夫雷什中学》《怎样培养真正的人》，赞科夫的《和教师的谈话》，亚米契斯的《爱的教育》，朱永新的《我的教育理想》等。当书籍成为教师的第一爱好时，读书便成为学生的第一至爱。

第二，从实践升华教学智慧。每一位教师在成长为优秀教师的路上，不仅需要掌握各学科内容和专业知识，更重要的是获得丰富的个人实践知识和智慧——对理论性知识的理解和运用，解决教学问题时从多种维度加以整体把握，洞察复杂的可能性，迅速做出决策——这些只能从长期的教学实践中积累习得。美国教育学家杜威认为："智慧并不是一旦得到就可以永久保用的东西。它常常处于形成的进程中，要保持它就要随时戒备着，观察它的结果，而且要存着虚心学习的意志和重新调整的勇气。"因此，升华教育智慧最为有效的一个策略莫过于"干中学""边干边学"。在实际教学过程中，教师通过亲身实践，从每一次师生互动获得反馈，适时地进行审视和反思，总结提炼经验，并结合先进的教育理论做出相应的调整和改进。

第三，与同事协作共同成长。"积力之所举，则无不胜也；众智之所为，则无不成也。"多项研究表明，高效能的学校往往拥有一群高效能的教师。一方面，教师个人保持开放和谦逊的态度，乐于接受他人的意见和建议，提升教学能力；另一方面，学校积极发扬传帮带精神，组建包容青年教师和资深教师的多元学习小组，共同规划教学活动，使新老教师之间形成共同体意识和伙伴关系。教师们在密切地合作、频繁地沟通、积极地教研活动中孕育出卓越的教学文化和充满活力的学校氛围。

第四，向先进靠拢高山仰止。当年白马湖畔的春晖中学，荟萃了一大批学者名师，叶圣陶、夏丏尊、朱自清、朱光潜、李叔同、丰子恺等先后在此执教。春晖中学之所以能在那个动荡不安的年代成为中国教育的一颗明珠，很大程度上得益于那些爱生如子、深耕教育的老师。他们不仅在学识上传承经典，更在人格上树立了师表，激励着后来的教师们不断追求卓越，向着更高的教育理想迈进。今天，每一位教师都应该以先贤为镜，不断学习，不断提高，努力成为下一代心中那一束明亮的光，照亮他们的人生旅途。

第五，同时代共振开拓创新。面对日新月异的科技革命，教育领域迎来前所未有的挑战与机遇。伟大的时代呼唤伟大的人才，教师的责任重大，使命光荣，肩负着培养未来世界的主人翁的重担。教师不再是单纯的知识传递者，要把更多的时间和精力投向那些人工智能无法或不能替代的领域，更专注于学生的创新思维、情感价值观和健全人格的塑造，成为学生成长道路上的导航员、守护者与合作伙伴。同时，教师应该积极地拥抱变化，善于学习和使用科技工具，转型为"人技合一"的智慧型教师，利用先进技术优化知识体系和教学技能，引领学生穿越未知，迈向光明的教育未来。

深中艺体
教师风采

三、乐观豁达，向阳而生

凡成大事者，必有大志；凡有大志者，必临危不惧。教师从"站上讲台"到"站稳讲台"再到"占领讲台"的专业发展过程中，总要经历坎坷与磨难——或是学科教学中的难题，或是班级管理的挑战，抑或是个人职业生涯的低谷。一时的艰难险阻并不能动摇那些有志者对教育事业的执着追求，更何况在教育的漫漫征途上有无数同行者相伴，他们共同立志于做那束照亮学生前行的光。教师的情绪态度会直接影响学生的学习体验和学习效果，如果教师无法正确应对挫折，又如何成为学生的榜样？真正的教育者，敢于直面困境，具有从挫折中汲取力量的勇气，他们乐观豁达，励志图强，以梦为马，一苇以航。

培根说过："奇迹多是在厄运中发生的。"面对种种挑战，乐观的教师不会轻易被负面情绪吞噬，相反，他们能冷静分析主客观原因，将困难视为成长的契机，从中寻找学习与创新的机会。

一次失败的课堂互动可能会引发教师对教学方法的深度反思，一次学生间的冲突可能会促使教师学习更有效的沟通艺术。豁达的教师深知，每一个困难背后都隐藏着学习的价值，始终保持积极的心态，化危机为前进的动力，继续为自己的教育事业而奋斗。

教育是安邦定国之策、强基固本之道，是值得所有教师奉献一生的大事，正如陶行知先生所说，"人生为一大事来，做一大事去"。作为教师，我们应当怀抱对教育事业的无限热爱，以乐观的态度迎接每一天的变化，坚定立下的教育大志，以此为航标，不断探索与超越，做教育梦想的追光人。

最后，分享一段我很推崇的话。学者许嘉璐说："教师的可敬，在于他们选择了一条永远光辉的道路。可能终其一生，教师也成不了百万富翁，但他们是富足的。在这样一个五光十色、变幻莫测的世界上有这样一群人，难道不值得所有人为他们三鞠躬吗？"祝愿每一位教师不忘初心，心怀远方，"捧着一颗心来，不带半根草去"，早日实现教育理想，共筑美好明天！

——2023年8月20日面向新入职教师讲座
《漫谈青年教师成长》节选

第二辑

一校之大　在于大师

习近平总书记在《求是》杂志发表的重要文章《扎实推动教育强国》中强调："培养什么人、怎样培养人、为谁培养人是教育的根本问题，也是建设教育强国的核心课题。"教师的眼界决定教师能培养出什么样的人，教育的情怀指向教师在为谁培养人。深中需要一支具备教育家眼界，拥有教育家情怀的优秀教师队伍。"风物长宜放眼量"，教师绝不能做遮住学生望眼的浮云，要给予学生学术的引领以及思想的熏陶，以开阔的视野和格局引领学生：时刻心怀"国之大者"，为国尽责，为人类做贡献。

2-1

关于加强教研组建设的五点想法
——在科组长述职考核工作会上的发言

尊敬的各位老师：

大家好！

首先，感谢各位教研组长在非常困难的情况下，依然能够出色地完成教研组的日常工作。这个困难在客观上，主要是因为我们学校的体系化模式与传统教研方式的矛盾，这就给教研组的活动带来了一定的困难。比如刚才有老师说："在一个办公室里，一个科组就只有一个老师。"但是即便有困难，各科组长依然对工作兢兢业业、积极进取，借此机会，我向各位表示感谢。

我在中学当过八年数学老师，做过武汉市教学研究室数学教研员、广州市教学研究室主任，担任过广州教育研究院的创院院长，在大学担任数学教育硕士研究生导师、博士研究生导师，因此我非常关注学校的教研工作。我来深中以后，只要是我知道的有关教研组的活动，我都会参加。教研水平与教学水平是正相关的，深圳中学最终能不能建成"国内领先、世界一流"的高中，一个至关重要的因素就是我们的教研组能不能成为"国内领先、世界一流"。

现在国际上普遍认为，中国的数学教育是做得很好的。这里我简单说一下数学教育。数学教育绝不是"简简单单的加减乘除"不是说"我们现在有了计算机就可以替代的一种教育"。华罗庚说："宇宙之大，粒子之微，火箭之速，化工之巧，地球之变，生物之谜，日用之繁，无处不用数学。"数学是通向科学大门的"金钥匙"，是我们的学生在成长过程中不可或缺的必修课。我们数学教育做得好，很大程度上得益于中国有很好的教研水平，这其中很重要的一个经验就是每个学校都有教研组，就如毛主席所说的"把支部建在连队上"。

接下来，我从五个方面谈谈如何做好教研。

一、加强常规的教学工作

（一）抓好基本的课堂教学

日常的教学活动包括备课、上课、课后辅导、作业批改等若干个环节，我们一定要把每个环节都做得扎扎实实。如果一个环节做得不扎实，那之后的活动就会变成无源之水、无本之木。比如新课的引入就是一门学问，面对不同年龄段的学生、针对不同的学科或是不同的学习主题，要有不同的引入方式，这是每位教师需要认真思考的问题。另外，教师的板书非常重要，板书要规范，字体要工整，对青年教师尤其重要；给学生布置作业不要再出现"把教材上的内容抄到练习册上""做错了就罚抄几遍"，这种作业是很低级的。诸如此类的主要教学环节都必须认真规划，落到实处。

我们要"吾日三省吾身"：课前准备是否尽力？课上教学是否尽心？课后辅导是否尽责？从下学期开始，我们要对常规的教学进行检查，这一方面对有经验的老教师起到督促和激励的作用，另一方面也为年轻的教师提供快速成长的机会。

（二）开展评课议课活动

对教师来说，上公开课肯定是有压力的，但是有压力就会有动力，有动力就会有发展。尤其是对青年教师来讲，公开课还是一门必不可少的"修炼课"。通过准备一堂公开课，教师的教学水平或多或少都会有所提高，因为在备课的过程中，你不得不更详细地考虑方方面面的问题：教学内容如何选择、教学环节如何设计、多媒体如何利用、教学时间如何分配等。有了思考，就会发现问题，就会有感悟，感悟后自然会有收获。另外，教师通过上公开课，可以更加清楚自己的教学状态，特别是可以发现并总结自己身上的不足之处。

（三）选择教辅书宜精不宜多

在保证学生将课本上的题目认真做完且熟练掌握的基础上，我们给学生选择的教辅书宜精不宜多，一个学科一本就足够了。现在市场上的教辅资料鱼龙混杂，品质也参差不齐，甚至不乏粗制滥造的情况，所以各个教研组组长一定要本着对学生高度负责的精神，肩负起这个"大浪淘沙"的责任，精心选择质量高、水平高，并且适合我们深中学生发展水平的教辅书。我们的学生是国内一流的高中生，所以我们就要选择国内一流的教辅材料。

什么是国内一流的教辅书呢？首先应是知名学者编著，权威出版社出版；然后要符合深圳中学培养目标的难度，并且适应全国卷的难度。选不同的材料，学生学出来的水平是不一样的。苏联的教育家赞科夫有一个"以高难度进行教学"的原则，虽然大家对其看法是仁者见仁、智者见智，但我觉得还是有一定的道理。对深圳中学的学生不能搞机械化的教学，把课本的定义、概念、时间、地点、人物等论述再抄到教辅书上去，这是没有意义的。我们应该多培养学生的创新能力和批判性思维，这样的话，拔尖创新型人才的培养才会有所突破。除此之外，我们要有更高的视野，就是要面向大学自主招生给学生选择适当的课程和教材。

（四）筛选适合学生的学习资源

现在社会上有非常多的资源，我们不能一拍脑袋，拿来就用。花钱是次要的，学生的时间比金钱更珍贵。我们应该经常反思自己：是不是给学生选择了最好的课程？是不是选择了最适合学生水平的课程？是不是选择了学生最喜欢的课程？课程是学校实施教育的载体，通过这些课程能够为国家培养拔尖创新人才，为学生的一生发展做出很重要的奠基。

选择资源的时候，我们要把视野放宽，要有敏锐性，要能抓住一些机会，尽可能地去寻找各种资源。比如刚才刘越老师讲到的仙湖植物园，那就是我在与市城管局局长王国宾博士聊天时发掘的合作契机。当时我去市城管局找王国宾局长谈泥岗校区学校建设的相关问题，谈完之后他说仙湖植物园有很多研究资源，也有很

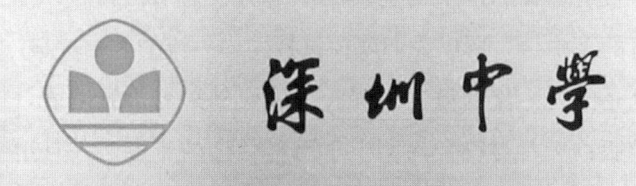

多博士。当时我就想仙湖植物园离我们很近,研究实力雄厚,这是深圳中学不可多得的教育资源。后来我们越聊越深入,最后他就决定把仙湖植物园给深圳中学做生物教学实践基地。我是刚好碰到生物这件事,其他学科的教师也都要有敏锐的眼光去发现、去发掘相关的学科资源,不论是深圳的、全国的、世界的还是校友的,把最好的资源拿来为我们深圳中学各个学科所用。我觉得我们只要有心,就能将很多资源转化为我们学生学习的资源。

我刚才讲的就是强调我们要"用心",包括平时汇报工作也是一样,不要照本宣科,只要大家用心了,把五分钟的汇报讲好没有那么难。我个人不善于念别人写的东西,除了一些必要的场合,必须念稿子以外,我都是更倾向于去讲一些我自己内心特别想表达的东西,因为通过自己的思考、根据自己的经历和经验讲出来的东西是最真、最能打动人的。下次开会我们也定个规矩,五分钟的发言大家最好都不要读稿子,既然是自己做过的工作,汇报起来就应该自然、轻松、流畅。

(五)加强各科组的宣传工作

深圳中学这么多年在宣传方面做得是比较欠缺的。有的时候"酒香也怕巷子深",尤其是在信息爆炸的时代,学校的宣传工作更不能懈怠。我们学校主要的宣传窗口包括学校网站、微信公众号、媒体新闻平台等,这几个月我们的微信公众号有很大进步,取得了很好的效果。每个科组都应该有这样主动宣传的意识,在这方面,刘越老师做得不错,生物科组开通了自己的微信公众号。

今年5月的中考报名我是比较着急的,因为我们初中部的学生数量少,很多学校都有自己的一到两个初中部,凡是有高中的初中校的优秀学生能按照自己的意愿顺利报考深中读高中是很不容易的。但是无论如何，我们能做的就是做好自己，同时做好宣传工作，每个科组都要主动去宣传自己的理念、特色、成绩，同时也要宣传我们深中的特色和优势，吸引更多优秀的学子了解深中、报考深中，让更多的优秀教师认识深中、加盟深中。

二、打造一流的教师队伍

（一）培养卓越教师

我一直认为，要想办好一所学校，首先要有一个好校长，然后就要有一批好老师。我们深圳中学在"建设一流教师队伍"这方面做得还远远不够，这的确是一个非常艰巨的任务。虽然任重而道远，但是我们绝对不能懈怠，因为能不能打造若干个全国最高水平的科组，决定着我们深圳中学将来是不是全国最高水平的。

何为一流的教师队伍？我们每个学科都要有一两个顶尖的、在省内外有影响力且德艺双馨的学术带头人。我们每个教研组长都应该检视一下自己的科组有没有这样的带头人，如果有，那么这个学科就大有希望；如果没有，就应当抓紧时间培养出一两个带头人。最有效的培养方式就是通过教研组的活动和师徒结对。比如我自己成长的过程：师范毕业之后，我就在家乡的一所中学当老师，当时很年轻，就先听老教师的课。我专门向教学处申请把一位非常优秀的老教师的课排我前面，就是为了先听他上课，一点一点地学，我再去讲课。我也会骑着自行车挨个去听我们县里好老师的课。硕士研究生毕业后被分配到武汉市教学研究室做数学教研员，我主动去听了武汉市几乎所有厉害的数学老师的课，吸取百家之长。

在深圳这个机会与挑战并存的大环境下，各种诱惑很多，但是我们一定要腾出时间做学问，一定要立志做一名有教育理想和教育情怀的人民教师。深中需要一批热心教科研的好教师，这样才有可能形成好的教育生态。

（二）引进优秀人才

打造高水平的教师队伍，一方面是我刚才讲的"培养"，另一方面就是"引进"。首先，引进已经有成就的中青年教师。大家要积极发现自己所在学科领域的国内高水平的教师，姚亮主任在这方面做得比较好，只要一发现就向学校推荐。然后，引进国内外名校的博士和硕士。我提出这样的想法是有根据的，当年西南联大能够办得好，就是因为有一个好校长梅贻琦，有一批从欧美留学回来的博士和大师在那儿当老师，然后国内很多有志于学习的同学都到昆明去学习。另外，当时由于战争原因，西南联大有很大的办学自主权。在这些因素共同作用下，西南联大能在短短八年成就了一所世界一流大学，其中毕业于名校的诸位名师功不可没。

如今，我们面临的一个很现实的问题是：如何提供足够有吸引力的条件来广纳国内外的优秀人才？目前，学校会给引进的名师、金牌教练、博士、名校毕业生等优秀人才提供过渡用房，保障他们在深圳先落稳脚跟。下一步学校计划进一步为特别优秀的人才争取人才房，尽可能地为国内外优秀人才解决来深圳工作的后顾之忧。无论如何，在加强师资队伍建设方面，我们一定要有远大的理想和目标，如果深圳中学经过五年的努力能够引进一百位世界名校的博士和一百位北大、清华的毕业生，我们的学校一定能够办好。

三、营造浓厚的教研氛围

教师做教科研是教师专业发展不可或缺的一个部分，更是一所世界名校教师所必备的素养。所以，我们要立足常规教学，扎实有序地开展教科研工作。王占宝校长之前提出"办学术性高中"，现在很多学校提出来要"办研究型、创新型的高中"。

那么，我们教师该如何研究，如何创新？一方面，我们经常要求学生做课题，那么教师更要带头做教科研。现在深圳市在推行"十三五"规划，大力倡导教师做教科研，学校也会加大力度鼓励大家积极申报项目，这也是鼓励教师们成才的一个途径。我打个比方，崔静老师带头做个项目，然后这个团队的所有人通过这个项目研究，都能提高自己的研究水平，这就达到了"众赢"的效果。另一方面，我们要制定相应的政策鼓励，奖励教师在学术刊物上发表文章、出版著作，申报市、省、国家级教学成果奖。《中国人民大学复印报刊资料》的总编宣小红老师做过统计后发现，从全国范围来看，我们广东的中学整体发文数量偏少，深圳中学做得也远远不够。

我们的基础是好的，但是我们之前没有足够的重视，欠缺相应的激励机制，没有形成浓厚的学术氛围。下一步学校要完善相应的激励机制，鼓励大家做教科研。大家通过项目研究，可以在学术刊物上发表论文，或者将学术成果出版，这都是在为社会做贡献。我希望以后在各种学术刊物上看到越来越多深圳中学教师的名字，因为我们不仅要培养学生，也要把培养学生的经验贡献给社会，鼓励教师成名成家。

四、开辟高端的学术平台

我们要鼓励学生多参加高端的学术活动。为什么我要专门提出"高端"的学术活动呢？因为这是和深圳中学的办学定位相匹配的，我们要建设"国内领先、世界一流"的高中。深中现在有11个创新体验中心，这些高端的实验室都是很好的学术平台。这其中大部分属于理科领域，但是我们决不能拘泥于理科，我们的人文学科同样也要积极参加国内外各种高端的学术活动。

其实，我国基础教育比较弱的是人文教育，跟欧美国家相比有差距。但是，基础弱反而是一个实现大发展的机会，尤其是在办学自主权越来越宽松的条件下，我们人文学科组应当更加积极地参加各种各样的活动。以历史学科为例，可以给学生开设丰富的选修课程，甚至包括一些大学的课程，比如中国通史、世界通史、中华文化等。这是培养学生的人文素养、积淀文化底蕴的过程，对学生的成长意义重大。大家应该都记得在央视《中国诗词大会》第二季夺冠的"00后"女生武亦姝，她能有如此惊艳的表现绝不是偶然的，部分也归功于她所在学校的国学校本课程。所以，我希望我们的文科也要开展多种多样的学术活动，为学生的终生发展奠基。当然，我们理科也要加强，而且档次要更高、水平要更高，向世界一流高中看齐。

今年我们在初一要办两个博雅班，这个想法源自欧美的博雅教育，也就是数理、人文并重；做人第一，做事第二。我们中国在古代和近代做得是非常好的，包括先秦时期的"百家争鸣"、民国初期的"新文化运动"等。在科技迅猛发展的今天，我们更应当关注人文教育，要向学生传递正确的世界观、人生观和价值观。

五、开发精品的校本课程

我国施行的是国家、地方、学校三级课程管理制度,因此学校就有了一定的课程开发自主权,即校本课程。校本课程的开发是基于学生的差异因材施教,它是一种"特色课程",是适合本校学生的课程。

深圳中学目前有 100 多门校本课程,我计划是在校庆前出版 10 本校本教材。表面上看,从 100 多门课程中选出 10 门是很容易的,但结果选来选去,选出比较合适的却挺难,所以我们在校本教材开发上还有很大的进步空间。

课程是学校教育的载体,深圳中学要想办好,一定要更加重视课程建设。一方面,我们要进一步完善学校现有的 100 多门校本课程,把它做成高水平的精品课程;另一方面,还要进一步开发适合深圳中学学生水平的校本课程,编写能够达到国内外一流水平的校本教材,我觉得我们是有条件、有能力完成的。另外,我还有一个想法,就是给开发课程的教师给予相应的奖励,鼓励更多的教师参与其中。我们一年出版三至五本校本教材,贵在坚持,我觉得将来肯定可以越做越好。

以上就是我关于教研组建设的看法,说得不对的地方,请大家指正。感谢大家,大家辛苦了。

2017 年 6 月 19 日

2-2

携手逐梦，共享荣光
——致全体教职员工的新年寄语

砥砺奋进又一年，奋楫笃行启新篇。值此辞旧迎新之际，向深圳中学全体教职员工致以诚挚问候和新年祝福！

老一辈无产阶级革命家习仲勋为深中题词

百年初心，泽被后世。

2021年，是中国共产党建党100周年。从播下革命火种的小小红船，到领航复兴伟业的巍巍巨轮，在百年奋斗历程中，我们党领导人民取得了举世瞩目的辉煌成就，书写了波澜壮阔的历史画卷。百年征程波澜壮阔，百年初心历久弥坚，我们"要以先辈先烈为镜、以反面典型为戒，不断筑牢信仰之基、补足精神之钙、把稳思想之舵"，敢于担当担责，不断开拓创新。

致敬先贤，吾辈领命。

2022 年，是深圳中学建校 75 周年。回首五年前，我在深中建校 70 周年庆典上正式提出"建设中国特色世界一流高中"的办学定位和"培养具有中华底蕴和国际视野拔尖创新人才"的育人目标，得到省市领导、师生校友和社会各界的高度认可。五年来，我们朝着这个目标稳步前进，各项事业蓬勃发展，不断取得新的突破，为学校进一步发展打下坚实基础。

携手逐梦，共享荣光。

站在继往开来的历史交汇点，肩负党和国家的殷切期望，承载师生员工的美好向往，深圳中学使命光荣、责任重大。希望全体深中人继续保持永不懈怠的精神状态和一往无前的奋斗姿态，在百舸争流中勇立潮头，在群山竞秀中勇攀高峰。我坚信，在大家的不懈努力下，我们一定能加快建成中国特色世界一流高中，深中也必将在新时代新征程上赢得更大的胜利和荣光。

最后，衷心祝愿大家在新的一年里，工作顺利、生活幸福、快乐安康！

2022 年 1 月 18 日

2-3

羡子年少正得路，有如扶桑初日升
——在青年教师座谈会上的发言

亲爱的各位老师：

大家上午好！

在座的各位都是近年入职的新教师，大家从全国各地相聚在这里，没有熟悉的亲友在身边，独自面对新的城市、新的学校、新的同事，你们一定遇到了许多大大小小的困难和挑战，比如如何适应异乡的环境和生活，如何融入新的集体，如何上好第一堂课，如何带好一个新的班级，如何应对家长各种各样的问题，如何更好地完成线上教学，如何在深中这个平台实现自己的人生价值，如何在这个城市立足，等等。这些问题都在这三年疫情的特殊背景下显得尤为尖锐、更加难解，再加上工资调整的影响，我知道大家这几年一定经历了很多非常难熬的岁月，你们真的不容易，大家辛苦了！

因此，我今天特意在农历新年即将到来之际，召集各位开这个座谈会，想好好和你们聊一聊。今天是 2023 年 1 月 17 日，2017 年 1 月 17 日年逾 54 岁的我，就任深中校长，至今已整整六年。白驹过隙，感慨万千：六年来的治校路难，一言难尽。"却顾所来径，苍苍横翠微。"今天，我们不谈成绩，只谈困难，谈谈深中勇攀高峰这一路上的汗水与艰辛。

刚到深中时，我发现学校还存在不少问题，例如卫生条件较差、学生宿舍环境简陋、师生精神风貌略显懈怠、部分学生思想偏激……在这些具体、表面的问题背后一定有更深层次、更根本的原因——彼时的深中如果想要团结所有人向前看、干大事，就一定要确立一个立意深远并且能够凝心聚力的新的办学定位和培养目标。

2017年11月18日，在深中建校70周年纪念大会上，我提出了："建设中国特色世界一流高中，培养具有中华底蕴和国际视野的拔尖创新人才。"这一办学定位和培养目标的确定并非一帆风顺，但后来都用事实证明了它们经得起历史的检验——2018年5月2日，在五四青年节和北京大学建校120周年校庆日即将来临之际，习近平总书记在北京大学考察时强调："坚持办学正确政治方向……努力建设中国特色世界一流大学。"2022年10月16日，习近平总书记在中国共产党第二十次全国代表大会上指出："坚持为党育人、为国育才，全面提高人才自主培养质量，着力造就拔尖创新人才，聚天下英才而用之。"

方向决定道路，道路决定命运。也正是在新的办学定位和培养目标的感召和激励下，深中人六年来干劲满满，信心十足，全校上下拧成一股绳，拥有了空前的责任感和荣誉感，教师的归属感和学生的规则意识都有大幅提升。

2017年在接受媒体采访被问到深中下一步的发展计划时，我就着重强调了要弥补的两个"短板"：一个是硬件，另一个是师资。

人才是兴业之本，我先谈谈师资。20世纪八九十年代，作为改革开放前沿的深圳吸引了一大批来自全国各地的优秀教师，但是随着时代的发展，过去的师资标准已经远不能匹配如今的深中学生水平。因此，我在2017年就提出要引进世界一流的综合性大学毕业生的新标准，并确立了一个目标：在五年内引进100位清华、北大的毕业生和100位世界一流大学的博士生——这个提议当时有些同事不同意，但我顶着压力坚持了下来。如今，我们已超额完成了这个目标，而且各位老师也用自己的优异表现证明了这个想法是正确的。然而，这一切绝不是"敲锣打鼓、轻轻松松"能实现的。对于新教师的培养我们这几年下了很多功夫。我刚到任的时候，深中的新教师培养只有一个"青蓝工程"，科组建设和班主任团队培养都相对比较薄弱。在我的提议下，一方面重振科组建设，另一方面建立了树人工作室和学科工作室，近年来还在筹建博士工作室，而且每年的新教师入职培训我都会参加。除此之外，我在多个场合为提升教师的各项待遇、为青年教师争取过渡性住房奔走疾呼。

再谈谈硬件。为了对东门老校区进行改造升级，我们花费了很多心血，解决了困扰深中多年的宿舍、食堂、实验室、图书馆等老大难问题。2018年3月，泥岗新校区（占地面积10.8万平方米，建筑面积17.5万平方米）工程动工，为了督促建设，我不顾工地机器的日夜轰鸣，租住在工地旁，实时关注工程进展。在深圳市委市政府和市教育局的大力支持和深切关怀下，深中新校区于2020年9月正式开学。然而，这绝不是岁月静好的开始，而是面临一系列更大挑战的开端，主要原因就是深中经历了历史上最大规模的扩招——2020年高三毕业16个班，高一招收43个班；2021年高三毕业16个班，高一招收41个班；2022年高三毕业16个班，高一招收38个班，几乎相当于深中新办两所高中……我们克服了很多难以想象的困难，例如新校区过渡时期的学生食堂餐位不够、宿舍床位不够、教学空间不足、学生宿舍电梯运力小、师生出行不便……这些林林总总的、直接关乎学生衣食住行的困难，是我那几个月的切肤之痛。眼看着很多学生在饭点无法按时吃上饭，回宿舍等电梯的队伍大排长龙、拥挤不堪，我十分愧疚，常常焦虑到夜不能寐。连续几个月身心俱疲、心力交瘁，导致腰疼难忍，疼到坐立不得，有时甚至只能卧床办公。好在这些难题都在大家的齐心协力下最终得到一一化解——我们临建了新食堂澍园（共 2 700 平方米，食堂的改革虽阻力重重，但我们夜以继日，风雨无阻，终于在 2021 春季开学之前完工），重新调配教学区功能室并临建综合楼，加装学生宿舍电梯，开通了 11 条通学定制巴士线路。我很感恩，在此期间有很多领导、同事、朋友及家人与我一起共渡难关。

学生在澍园食堂就餐

还有一件事令我印象深刻：在一次关于新校区设计方案的讨论会上，我顶着巨大压力，力排众议坚持选择了如今的设计方案，它是我想象中的百年名校该有的样子；我很庆幸，也很感恩，这个想法得到了市委市政府领导的大力支持。正是有了数易其稿、几经提升的设计方案和各级领导的亲切关怀，才有了深中新校区今日世界名校的格局和气象。除此之外，初中部的改造扩建工程和承办深汕高中园也是经历了"九九八十一难"，大家如今看到的美丽新校园背后都蕴含着无数人的努力和心血。

接下来，我再谈谈教学。2020年初，比往年开学都晚的春季新学期，是开启疫情背景下全新教育教学形态的分水岭。第一次的线上教学，让所有师生措手不及，2月4日我给老师们写了一封信《教者大爱，不辱使命》，动员大家在新冠疫情期间认真筹备直播课程。老师们迎难而上、精心备课、高水平上课，并向全国公开网课资源，体现了深中人的责任与担当。三年来，反复不定的疫情打乱了我们的正常教育生态，给老师的教学和学校的管理带来了前所未有的挑战，也让我们的精神承受了前所未有的高压，尤其是对高三毕业班的巨大影响可想而知。

2022年初，深圳遭遇了罕见寒冷天气，2月21日我去看望封闭在老校区的高三老师，得知老师们晚上回到宿舍冻到瑟瑟发抖时，我立即安排购置供暖设备，并要求马上到位。当天下午四点，84台取暖机就送到了办公室和宿舍。老师们辛辛苦苦上了一整天的课，回到温暖的宿舍，感受到的不仅是身体的暖，更是心里的暖。2022年6月的高考，数学出乎意料的难度让很多高三学生心灰意冷，我专门去考场给同学们鼓舞士气，并在高考结束前夕召集数学组老师编写校本教材，为下一步教学打好基础。2022年底，疫情政策放开后，很多老师都是带病上课，非常不容易。

深中这几年飞速发展，一步一个脚印，一年一个台阶，得到了各级领导、社会各界的广泛认可和普遍赞誉。正因为深中发展得好，深圳各区都盛情邀请深中去办学。深中近年来与南山、坪山、福田、光明、龙岗、龙华、大鹏各区政府都签署了合作办学协议，并陆续向各区集团校输送了十余位优秀干部，在为深圳基础教育优质均衡做努力的同时，也势必给深中本部的中层干部管理带来很大的挑战。集团化办学千难万险，刚才说到的也只是冰山一角。我很欣慰，深中这几年涌现了很多出色的干部，尤其是青年教师干劲十足。

建设世界一流高中是一项伟大而艰巨的事业，唯其艰巨，所以伟大；唯其艰巨，更显荣光。2021年8月27日，在去坪山参加深中坪山创新学校揭牌仪式的路上，赶上大风大雨，有感而发，想到苏东坡《定风波》中的两句："一蓑烟雨任平生"，"也无风雨也无晴"。东坡先生仕途坎坷，颠沛流离，中年失意，在密州写下"十年生死两茫茫，不思量，自难忘"的悲恸之词，被贬黄州时感慨"世事一场大梦，人生几度秋凉。夜来风叶已鸣廊"，贬至惠州依然达观"日啖荔枝三百颗，不辞长作岭南人"，在儋州更是写下"九死南荒吾不恨，兹游奇绝冠平生"的豁然之语。苏轼晚年遭遇一贬再贬，"问汝平生功业，黄州惠州儋州"，但他始终以乐观豁达的心态消解心中的苦闷，既以文采超群垂芳千古，也以人格精神光耀青史。

一个人、一个单位、一个国家在发展过程中都会遇到各种风风雨雨，各种困难甚至艰难险阻，比如三年的疫情，我们始终锲而不舍，越挫越勇，越是艰险越向前。道路是曲折的，但是前途一定是光明的。我在《上善之教》的前言中引用了何兆武先生的这样一段话"我想，幸福的条件有两个。一个是你必须觉得个人前途是光明的、美好的……另一方面，整个社会的前景也必须是一天比一天更加美好……"我相信，我们的国家一定会越来越好，我们的明天也一定会越来越好。

"羡子年少正得路，有如扶桑初日升。"在座的各位都是深中未来的希望和中坚力量，都是深中美好明天的创造者和见证者，虽然今后我们依然会面临各种困难，坐得"冷板凳"，才能修得"真功夫"。正所谓"时人不识凌云木，直待凌云始道高"，希望各位老师立志笃行，在深中加快建设世界一流高中的未来几年，不负时代，不负自己，干出一番事业，绽放青春之花。各位青年老师一定要坚信，你们的未来不是我们，你们的未来不可限量！

谢谢大家！

2023 年 1 月 17 日

2-4

忠诚履职，勇于担当，奋力谱写新篇章
——在深圳中学工会第十一届会员代表大会上的演讲

尊敬的各位代表、各位老师：

大家下午好！

在各位代表和工作人员的共同努力下，深圳中学工会第十一届会员代表大会第一次全体会议圆满完成各项议程，即将闭幕，祝贺新一届工会委员会、经委会和女职工委员会迈向新里程，预祝大家引领深中工会取得新发展、开创新局面。

在此，我代表学校提出五点希望：

第一，筑牢思想根基，强化责任担当。

坚持以习近平新时代中国特色社会主义思想为指导，深入贯彻习近平总书记关于工人阶级和工会工作的重要论述，认真学习和领会中国工会第十八次全国代表大会精神，始终坚持工会工作的正确政治方向，忠诚履职，勇于担当，实现好、维护好、发展好教职工群众的根本利益，想尽千方百计为教职工做好服务。

第二，树立一流意识，干出一流业绩。

"建设中国特色世界一流高中，培养具有中华底蕴和国际视野的拔尖创新人才"是深圳中学主动承担的历史使命和时代责任，近七年来，我们围绕这一目标，在办学理念、师资队伍、课程改革、校园文化、国内高考、学科竞赛、国际教育、科创教育、艺体教育、社会实践、服务社会等方面精益求精，力求极致。"聚沙成塔，集腋成裘。"只要我们每个部门、每个年级、每个科组、每位教师，都主动树立起"世界一流"的目标意识，对标全国、全世界顶尖中学，积极把各自的短板补起来，为学校发展贡献自己最大能量，深中就一定能实现世界一流高中的宏伟目标。

第三，加强师德修养，厚植师德文化。

教师的职业特性，决定了教师必须是道德高尚的人。作为教育工作者，我们要大力弘扬教育家精神，围绕立德树人根本任务，以德立身、以德立学、以德施教，做到言为士则、行为世范。只有这样，我们才能真正成为学生信赖和崇敬的好教师和"大先生"，才能更好地指引和引领学生的成长和发展。

第四，尊重教育规律，钻研课堂教学。

我经常说，我们要按照最朴素的教育规律办学。教学质量的基本保障是课堂45分钟，科学有序、纪律严明、灵动活泼的课堂教学秩序是最基本的要求，课堂是学生一生成长过程中养成良好习惯、习得基础知识、培养学习能力最重要的场所。我们要向课堂45分钟要质量，坚持"有教无类、因材施教"的教育思想，采用启发式教学激发学生的学习兴趣，着眼"最近发展区"，适当提升难度水平，做到、做好、做优细节，"润物细无声"，实现学生和教师的共同发展，实现学校教育教学水平质的提升。

第五，增强团队协作，提升教研水平。

教研工作是学校可持续发展的动力，是加快教师专业成长的重要途径，希望各位教师积极参加校本教研，各科组、备课组、学科研究室要加强团队协作，不断提升自己的教书育人能力，善于总结教学经验，把教育教学经验转化为教育教学成果，进一步辐射引领更多的学校和地区。学校是一个大家庭，各部门之间也

要加强沟通与合作，形成有力的合作机制。

最后，衷心希望各位老师与优秀者同行，与智慧者相伴，躬耕教坛，埋头苦干，为深中的发展贡献自己的力量。让我们齐心努力，携手并进，共同创造深中更加美好的明天！

谢谢大家！

2023 年 11 月 16 日

2-5

坚守长期主义，筑就卓越之路
——在物理学科竞赛教练组专题会议上的发言

> 2023年11月17日上午9:00至11:30，朱华伟校长在C620主持召开深中物理学科竞赛教练组专题会议，为物理学科竞赛组找问题、明方向、鼓士气。参加会议的有郭峰副校长，竞赛指导中心主任谭祖春，物理竞赛教练涂道广、马玉林、刘萱文、杜瑞铭。

各位老师：

大家好！

刚才，四位竞赛教练依次就近五年工作取得的成绩、存在的问题，以及今后的工作计划进行汇报。下面，我就物理学科竞赛工作提出五点要求。

第一，对标一流，奋发图强。

要胸怀大局，目光长远，千万不要在以往的功劳簿上躺平，要保持虚怀若谷的心态，瞄准国内外顶尖中学，向最好的学校、最好的学科看齐，取人之长、补己之短。目前我们物理学科的竞赛成绩已经处于近几年的最低谷，已经跌到不能再跌，各位再不重视起来，深中的物理竞赛就岌岌可危了。所以我今天召集大家开这个会，也是我来深中工作后第一次这么正式、严肃地召开一个学科的竞赛教练会，为的就是我们的物理竞赛能够及时止跌，重整旗鼓。希望大家充分发扬奋斗精神和先锋精神，奋发图强，拼搏进取，带领深中物理竞赛稳步提升，再创辉煌。

第二，明确定位，珍惜平台。

作为一名竞赛教练，一定要做好自己的本职工作；带好学生、带出成绩，就是最基本的要求。深中有全国最好的竞赛平台和氛围：这么多优秀的学生和老师，这么好的政策和机制，例如华为数理实验班省班、市班，数理英才班等。大家一定要珍惜这个平台，同时也要通过我们自身的努力保护好这个平台。深中竞赛的金字招牌需要我们每个学科、每位教练靠实力去维护，如果某一科的成绩一直下滑，那就势必会影响这一学科的声誉和对优秀学生的吸引力。

第三，目标高远，管理细致。

从第一节课开始，每一位竞赛教练就要带领学生学习著名物理学家无私奉献的精神，引导学生热爱科学、热爱物理，树立远大的理想和抱负，为世界进步和人类发展做贡献。落实到日常工作中，就是要严格抓好每节课的教学，向 45 分钟要质量；加强自习课的纪律管理，促进习惯养成。"教书是个良心活，误人子弟有罪也。"各位教练要上好每堂课，对每一个学生负责，对他们的能力和水平要做到心里有数，有针对性地指导学生进行最优发展规划，平衡好竞赛与北大攀登计划、清华卓越计划之间的关系。总而言之，助力这些优秀的学生进入清华、北大等顶尖学府，是我们给学生、给家长、给社会应有的交代。

第四，团队协作，各展所长。

学科竞赛不是一项单人战，是一项 teamwork。以化学学科为例，我建议他们每位教练在全知全会的基础上，专攻一部分自己擅长的领域，把相应的内容弄懂讲透，然后形成合力，达到事半功倍的效果。建议物理竞赛组各教练要加强合作，资源共享，同时尝试结合自身学科特点分工协作、打通年级，提高教学的质量和效果，让学生吸取百家之长，更高效地进行物理学习。此外，数学、物理不分家，物理竞赛组也要和数学组加强联系，适时根据需求让学生去参加一些微积分等数学专题培训和讲座，打牢扎实的数学基础，培养良好的数学能力。

第五，注重陪伴，加强联系。

教练和学生平时的交往和沟通非常重要。教练要"言为士则，行为世范"，要参与学生的成长，培养与学生之间的感情，在关键的时间节点给予学生正确的指引和指导。只有这样，学生才会"亲其师"；只有"亲其师"，学生才会更好地"信其道"。

借此机会，和大家分享我最近感触很深的一件事。2023年11月，杭州学军中学15人入选清华大学丘成桐数学科学领军人才培养计划，2人获丘成桐女子中学生数学竞赛铜牌，合计17人被保送清华大学。这些成绩都是干出来的。前段时间我去上海参加顶尖中学联盟的论坛，临出发时，看到学军中学有15人入选丘成桐领军计划的消息，我第一时间联系学军中学分管竞赛的边红平校长，提出想到他们那里去学习取经。我带队去看了以后特别感慨，56岁的边校长吃住在学校，晚上就睡在办公室，以苦行僧式的精神一心扑在学校竞赛上。学军中学能有今天的成绩一定离不开这种忘我的付出和对长期主义的坚守。

长期主义对于我们每个人的发展都非常重要。长期主义可以帮助我们建立清醒、理性的认知框架，不受短期诱惑和繁杂噪声的影响。长期主义来自内心的充盈，内心的充盈来自修行和笃定。

很多人一开始有伟大的目标，却逃不过膨胀。只要你想真正干出一番业绩，你就得去对抗膨胀。长期主义不仅是一种方法论，更是一种价值观。流水不争先，争的是滔滔不绝。从事任何工作和事业，只要着眼于长远，躬耕于价值，就一定能够经受住时间的考验，找到迎接挑战的方法，取得长久的成功。

希望各位教练一定要在日常工作中发现好的苗子，并尽心竭力培养，不负平台、不负期待、不负自己，为这些优秀学生的一生发展奠定坚实基础，为深中的拔尖创新人才早期培养贡献力量。

2023 年 11 月 17 日

2-6

问渠那得清如许
——在世界读书日分享读书的力量

> 在第 29 个世界读书日来临之际,北京市教委主管的全国中文核心期刊《中小学管理》邀请朱华伟校长聊一聊关于阅读的个人体验、经验,分享关于阅读的感悟和建议。以下内容为朱校长围绕《中小学管理》提出的三个问题进行分享的内容全文。

《中小学管理》:您认为读书带给您的最大的收获或变化是什么?

朱华伟:读书是一种信仰,是一种修行,更是人一生的精神陪伴。如果说体育运动是对身体的锻炼,大汗淋漓后让人一身轻松、心情愉悦,那么读书就是心灵的涤荡与滋养,每读一本好书都是一段有益的精神之旅。

书籍是思维的不竭源泉,"问渠那得清如许?为有源头活水来。"一旦停止读书,就失去了知识的注入,教师的专业智慧与工作素养将难以持续提升。任何一位教师想要行稳致远,都要保持终身阅读的习惯。每当翻开书籍,驰骋在知识的世界里,精神的愉悦和内在的富足感便油然而生,这种由阅读产生的旺盛生命力使我数十年如一日不知疲倦、忘我高效地工作。

阅读的过程是与伟大心灵对话的过程,引领我不断追求更高的人生境界。多年来的学习、研究、工作和办学实践中，不可避免地会遇到烦恼、困惑，甚至茫然，这种时刻，我总是短暂地脱离现实，浸润于阅读的世界，诵读、揣摩那些早已深入人心的经典著作和佳句。莎士比亚在剧作《麦克白》里写道："黑夜无论多么漫长，白昼总会到来。"这句话非常简洁，但意味深长。人生难免遇到不如意，即使感觉四面楚歌、难以为继，再坚持一下，黎明的曙光终能驱散黑暗，迎来柳暗花明。我还特别喜欢吟诵李白的诗歌《行路难》："欲渡黄河冰塞川，将登太行雪满山……行路难，行路难，多歧路，今安在？长风破浪会有时，直挂云帆济沧海。"纵使前行道路上阻碍重重，只要以勇往直前的态度去面对，一定能够乘风破浪，大有可为。

我希望深圳中学是这样的：一个喜欢读书的校长，带领一批喜欢读书的老师，培养一届又一届喜欢读书的学生；让阅读成为习惯，让书香溢满校园。

《中小学管理》：您平时常读哪些方面的书？为什么？有哪本书或哪些书是您会反复阅读的？请推荐其中的一两本经典。

朱华伟：我自己的专业是数学，几十年来一直关注数学教育及数学竞赛的前沿研究，特别是国外的最新文献，每年都会在国内外期刊发表相关论文。此外，我喜欢阅读经典名著及著名学者、大学校长、中学校长关于教育的著作、演讲、口述史，向经典学习、向前辈学习、向先进学习，受益匪浅。

我曾向深中师生推荐过路遥的《平凡的世界》。这部小说以宏大的历史变迁为舞台，细腻描摹了主人公孙少安和孙少平兄弟俩，历经艰辛磨难，始终坚韧不拔、昂扬向上，通过持之以恒的奋斗实现个人价值的故事，具有强烈的艺术感染力和极高的文学价值。每每读之，我总是把自己带入孙少平的生命轨迹之中，情不自禁地潸然泪下。绝大部分人都处在平凡的人世间，磨难挫折是常态，每代人都有自己的使命与挑战。近年来，深中引进了300多位国内外顶尖大学优秀毕业生，他们从出生起就处于国家繁荣昌盛的新时代，成长的道路上顺风顺水，几乎没有经历过经济的困顿和生活的波澜。但青年人要像孙少平一样主动选择不平凡的奋斗，在挫折中成长、在磨难中奋起、在奋斗中创造幸福。《平凡的世界》能引发读者对人生意义、个人选择与社会责任的深刻思考，是激励青少年的不朽经典。

此外，我还向大家推荐苏轼的诗词。苏东坡先生一生仕途坎坷，颠沛流离，尤其是晚年，"黄州惠州儋州"，一贬再贬。然而，他在逆境中安贫乐道，自得其乐，"此心安处是吾乡"，既以文采超群流芳千古，也以人格精神光耀青史。成就世界一流高中的过程中总会遇到各种风风雨雨，我们要像东坡先生那样保持"一蓑烟雨任平生"的信念，同舟共济，久久为功，为办成世界一流高中不懈奋斗。

《中小学管理》：在忙碌的工作和生活中，您是如何规划和保证读书时间与质量的？有什么好的读书习惯是您一直坚持的吗？

朱华伟：作为校长，每天需要处理非常多繁琐的事务，事无巨细地思考学校的方方面面工作。但不管再怎么忙，这么多年来，我始终坚持读书、写作。

首先，读书要养成日拱一卒的精神。书海无涯，对知识的追

求永无止境。我把时间看得比什么都宝贵，可谓惜时如金。工作之余，尽量减少应酬，利用晚上、节假日时间阅读、写作。几十年来，我积攒了两万多册中英文书籍，遍及数学、教育学、文学、历史学、艺术学等领域。近期还出版了著作：《上善之教——我的办学思考与实践》《数学为美——我的教研探索与实践》（中国人民大学出版社，2022），《中国女子数学奥林匹克》（华东师范大学出版社，2023），《数学培优竞赛讲座》《数学培优竞赛一讲一练》（七年级、八年级、九年级，清华大学出版社，2024）等。

其次，读书要坚持文理兼修。理科和文科只是相对的学科分

类，并不存在本质上的隔阂。就拿数学而言，数学概念和定理的背后隐含着人文哲理，例如，微积分中隐含了许多哲学思想。我一直强调，人文学科的教师要多读自然科学书籍，领悟科学精神；自然科学的教师要多看文学艺术书籍，厚植人文情怀。

最后，坚持沉浸式阅读。我们处在信息化时代，电子产品的普及使得无纸化阅读变得更加方便快捷，但是互联网中海量的资源和琐碎的内容可能会分散读者的注意力，难以满足师生理解复杂问题的需求。我觉得不能放弃纸质书籍，尤其是在阅读经典名著时，要静得下心、沉得住气，格外注重深入阅读和研究。

2024 年 4 月 23 日

2-7

立教育家之德，做教育家之大
——在深圳中学第 40 个教师节庆祝表彰大会上的演讲

亲爱的各位老师：

大家下午好！

在这秋风送爽的时节，我们迎来了自己的节日。在此，我代表学校，向辛勤耕耘在教育教学、管理服务一线，如璀璨星辰般照亮学生前行之路的全体教职员工，致以衷心的感谢！向长期默默支持教育工作的教职工家属致以诚挚的问候！

教师是立教之本、兴教之源、强国之基。今天是中华人民共和国第 40 个教师节。2023 年教师节前夕，习近平总书记致信全国优秀教师代表时强调："大力弘扬教育家精神，为强国建设民族复兴伟业作出新的更大贡献"。近日，中共中央、国务院印发《关于弘扬教育家精神 加强新时代高素质专业化教师队伍建设的意见》，对弘扬教育家精神做了全面系统部署。

2024 年教师节视频

教育家有哪些共同的、必不可少的特质？教育家精神可以从哪些方面引领教师队伍建设？值此教师节之际，我有几点想法和诸位同仁分享、共勉。

一、善之本在教，教之本在师

《礼记》有云："师也者，教之以事而喻诸德者也。"育人的根本在于立德。所谓"学高为师，德高为范"，立德修身、敬业立学，德在先，业在后；修身在前，立学在后。

教师从来就不仅仅是知识的传播者、智慧的启迪者，更是精神的熏陶者、人格的塑造者；教师的言行对学生健康成长具有潜移默化的作用。作为一名人民教师，首先就要以德立身、以德立学、以德施教，真正用德行引领学生，才有可能成为受学生尊重、让学生喜爱的老师。现就读于北京大学的2022届毕业生李信麟在《深中学子》中说："我最幸运的事情，就是在深中遇见了很多尽职尽责又各具特色的好老师。感谢所有老师的辛勤付出，让我在黑暗中找到了最适合自己的道路。"

二、读书患不多，思义患不明

我常说，身为老师，把书教好是第一位的，但绝不能只满足于此，要善于在教育教学中发现问题，并将其发展为研究的课题。这就要求我们不但要做教学，更要做学问、做教育家；凡事思其所以然，才能逐渐达到"义理贯通"的境界。

深中拥有世界一流的学生，各位老师指导学生做研究的过程，不仅是教育教学发生的过程，更是教学相长的过程。"学然后知不足，教然后知困。"老师和学生一起做学问，不仅自己把教书的方法琢磨透，研究的渠道联结通，更教给学生寻求知识信息、自主选择渠道的能力。希望在深中这片沃土上，能有更多引领学科教学改革的骨干，专业素质过硬的领军教师，如雨后春笋般不断涌现。

三、莫做浮云遮望眼，风物长宜放眼量

教师的眼界决定教师能培养出什么样的人，教育的情怀指向我们在为谁培养人。深中需要一支具备教育家眼界、拥有教育家情怀的优秀教师队伍。"风物长宜放眼量"，教师绝不能做遮住学生望眼的浮云，要给予学生学术的引领以及思想的熏陶，以开阔的视野和格局引领学生；时刻心怀"国之大者"，为国尽责，为人类做贡献。

亲爱的老师们，深中拥有全国最优秀的学生，在座的每一位老师都功不可没。同时，面对这样优秀的群体，我们更有责任以教育家的标准自我要求，心胸宽广、存大格局、砥砺前行、踔厉奋发——对标具有中华底蕴和国际视野的拔尖创新人才，让学生们有更开放的思路和观念，努力成为堪当民族复兴重任、勇于创造世界奇迹的国之栋梁。

学校也将继续竭力为教师做好服务，争取让每一位教师在深中工作得顺心、开心，生活得舒心、幸福，让大家潜心教书、静心育人。

愿与诸位共勉。再次祝老师们节日快乐！

谢谢大家。

2024 年 9 月 10 日

2-8 创造观的现代转型与创造性教学

摘要：人们对创造性的认识即"创造观"在不同的历史阶段有不同的内涵，对教育也产生了不同的影响。由于功利主义价值观的影响，当今教育领域中普遍存在着"物性化"的创造观，即将创造性仅仅视为个体能产生外在成果的"人力"，忽视了其"人性"的一面。21世纪的社会特征既要求人有创造外在成果的"人力"，更要求人具有体现人性本质的创新的精神品性，因而21世纪的教育必须树立"人性"与"人力"统一协调的全面的创造观。为了实现这种"人性"与"人力"的全面创造性的发展，教育必须实现以知、情、意相整合为基本特征的创造性教学。

关键词：创造性；教学；整合；人性；人力

人们对"创造性"实际上如何认识、持什么观念，即人们的创造观，对创造性教学有着根本的影响。然而，现代教育在创造性教学的方法技术、模式手段等问题上大为关注，但对于"什么是创造性""应该怎样认识创造性"这一根基问题却鲜有探讨。当前的创造性教学出现了许多偏差，集中体现为重物质性成就而轻精神体验、重能力轻人格，其中一个重要的原因就是教育者没有建立适应我们这个时代的创造观。从创造观形成和演变的历史探寻新时代的创造观，从而对创造性教学现状进行反思，这对培养创新人才十分必要。

一、创造观的历史演进：传统创造观的意义与局限

人类的创造观经历了几次重大的思想革命，而创造性教学的萌生和发展，正是随着人类创造观的演进而不断深化和完善的。

（一）神权社会与创造观的神性化

在古希腊至中世纪的文化中，神是万物的创造者，而人是不具备创造性的。柏拉图认为是神创造了世界，这种创造是"从无序中造出有序来"。直到18世纪的欧洲启蒙运动以前，宗教和神权是社会文化的核心，"创造"一词仅用于神学。在神性化的创造观看来，神圣的创造性与人无关，它值得崇敬、信仰，但不能研究。因而，创造性被绝对地排除在人的思考之外，自然谈不上创造性教学了。

神性化的创造观将人绝对地排斥于创造之外，扼杀了人的本质。但这种观念在当今一些人心目中依然残存：他们将创造理解为普通人望而兴叹的神奇之举，不敢涉足。破除这种心理枷锁是创造性教学的思想前提。

（二）思想启蒙与创造观的抽象化

早期人文主义思潮的产生与发展使人的主体意识觉醒，神学的地位开始动摇，创造性也由神性转换成人性。这一时期，人的主体性得到高度关注，人的创造性也逐渐得以确立。文艺复兴时期，艺术家被认为是创造艺术的天才，"创造者"成了不可理解、不可思议的"天才"的代名词，而天才的价值仅存在于艺术领域，普通人甚至科学家均不在天才之列。因而，在科技不甚发达的思想启蒙时代，创造性尽管被视为人的品性，但只为少数天才拥有，是神性复制出的抽象"人性"。在这种观念下，人们将创造性看成

是神秘的遗传天赋，无法深入研究，创造性培养与教学依然毫无关联。

（三）科技霸权与创造观的物性化

科学技术的迅猛发展使人对于自然的非凡能力得到了淋漓尽致的体现，人认识到自己是名副其实的创造者，对创造不再有神秘感。于是，对于创造性的研究，特别是科技发现与发明的研究逐步开展起来。20世纪初以创造技法为主要内容的创造学萌生了，这为创造性教学的早期形态——创造技法的传授打下了基础。随着科学威力的显现和现代理性精神的过分膨胀，科技成为人类文化的"霸权"，崇尚工具理性和唯科学的科学主义观念充斥人们的头脑，以实证主义哲学为基础的科学心理学在创造性研究方面取得了巨大进展，深深影响了人们对创造性的认识。

由于科学心理学仅注重可控制观测、可重复验证的客观现象的实证，因而人的错综复杂的心理现象尤其是价值、意义层面的"应然"现象被肢解和窄化为物质性因素，人成为物化和简单化的客观对象。这样，人们逐步将创造性看成了一种"能产生新颖独特和具有价值的产品"的外在"能力"，即作用于物质世界的"人力"，外在的、可测的"产品"是衡量这种"人力"的"创造性"的唯一尺度。人格、情感等内在精神因素不过是外在的创造能力与创造性产品的附属物和催化剂，一个人有创造性，仅仅意味着他能产生新颖独特的物化产品，创造性被物性化了。

物性化的创造观使人们关注创造能力的研究与发展，给人类带来了巨大的物质成就，大力促进了创造性教学的开展。然而，在这种观念下，创造能力的发展成为一种外在的发展而非人性的完善，人格成为产品的附庸，精神被外在物质所统治，人成为其创造物的奴隶。

(四) 人本主义与创造观的泛性化

20世纪中期，针对科学主义带来的人类精神缺失，人本主义心理学家马斯洛提出了"自我实现的创造性"，强调创造性是每个人一生下来就有的继承特质，它更多的是由人格造成的，表现于日常生活，是一种具有新价值的体验和特殊的洞察力。因而，在人本主义思想影响下，许多人将创造性看成一种泛性化的人性：创造性首先是人格，与心理健康、完善人性、自我实现几乎是同一语，产品是人格折射出的副现象，"第一流的汤比第二流的画更有创造性"，"做饭、做父母以及操持家务，可能具有创造性，而诗也不必定具有创造性"。

由于这种泛性化的创造观缺少考虑社会现实条件以及个人发展与社会进步的辩证关系，忽略了人的社会责任和能力纬度，过多强调个人的自由和潜能，因而，导致了创造性发展中个人主义和自我中心意识的滋长，容易使人"变成一个更加狭隘，更以自我为中心，更加孤独的自我"。

二、创造观的现代转型：构建"人性"与"人力"相统一的全面的创造观

不同形态的创造观是特定历史时期的思想产物，反映出当时社会的发展水平和价值取向，具有其历史的意义与局限。

科学心理学的精确化和具体化，使创造性的科学研究迅速发展并进入学校教学领域，因而，以创造性认知心理理论为基础、以发展能力为核心的创造性教学成为教学的一个重要方向，并取得了明显的效果，深刻影响着今天的教学。当前教学中科学主义

物性化的创造观占据着人们的头脑，使"创造性教学"成了一种唯理性、唯知性的教学，这种教学在促进学生创造能力发展的同时，忽视了情感、意义等精神因素，造成学生的心理困惑和人格缺失。人本主义的创造观虽然是对物性化创造观的一种纠正，但由于其思想和方法的局限，"以人为本"的抽象理念难以进入教学的内部，难以对学生创造性发展产生实际的影响。因此，如何辩证吸收各种创造观的合理成分，结合21世纪发展趋势构建适应我们这个时代的创造观，是教育者的一项重要任务。

在21世纪，社会生产力水平达到了一个新的阶段，创造活动在社会生活和个人生活中占有越来越重要的地位，创造性不仅成为人们的物质生活和工作所必需，更为人们的精神生活所依赖。因此，21世纪的教育要将创造性看成是内在"人性"特质与外在"人力"表现相统一的全面的创造性，这种新的创造观包含如下内容：

（一）创造性的本质是内在"人性"与外在"人力"的统一

受科学主义心理学影响，现实教育所追求的"创造性"实际上是一种"创造力"，"创造性"的发展不是作为"人性"特质的发展，而成了脱离主体精神的、外在的"人力"的发展。单向度"人力"的发展在某种程度上必定会出现创新人才培养的异化：人不是作为目的而是作为手段，因而教育正在着力于作为"物"的创造产品的生产，而不是创造性人才的生长。长此以往，教育将逐渐偏离其本质。树立"人性"与"人力"相统一的创造观，就是要使教育更为关注具有创造性的人本体，而不仅仅是人外在的创造力。

创造性是"人性"特质，这意味着它是人存在的精神方式，人的创新能力和行为只是这种存在方式的体现。但创造性并不是指泛化的人性，它是新颖独特的，表现为求新求异、追寻非凡意义和价值的"心灵习惯"。"人性"与"人力"相统一的创造性体现为内在的自我精神超越方式和外在的创造能力的协同一致，它既包括智力成分的新颖性，更包括新颖独特的情感体验、态度、精神等，而新颖的能力与产品只是这种"心灵习惯"在一定条件下的外化。

（二）创造性的衡量应依据成就与人格的双重标准

科学主义的创造观在衡量一个人的创造性时，往往仅以个人的成就或创造性的产品为尺度，忽略人格和精神因素；"创造性人格"不过是对创造力发展有促进的人格，是通过心理量表测量出的个性特征，其界定的依据是创造能力和创造产品，人格本身不是作为目的来研究的。教育所要培养的创新人格是指向人性完善的"应然"人格，这种人格是一种求真、向善、臻美的精神面貌，它使人超越困惑而获得精神愉悦，达成幸福体验。因而，全面的创造性不仅使人获得成就，更要使人精神健全和获得幸福。

（三）创造性的内涵必须包括真、善、美的人性价值

创造性必须以新颖性和价值性两个纬度来衡量。传统的创造观在价值性判断上，往往只注重科学的"真"的尺度。一些大学生利用计算机犯罪、科技伦理缺失、精神颓废等现象，与这种片面的创造价值观不无联系。作为人性特质的全面的创造性在求新、求真的同时，还要符合真、善、美的人性基本原则，满足社会价值要求。现代社会创造性活动呈现出这样一个明显趋势：创造产品的实现变得越来越容易，人类对自然几乎无所不能，但对于产品意义的把握、成果的社会运行机制，以及如何避免创造物的异

化，则越来越使人类迷茫。缺乏真、善、美的价值标准，必然使创造活动成为人类社会的危害。

（四）创造性的功能必须是对自然和自我的双重超越

创造性体现为超越，而传统的创造观仅关注对自然的超越（如探索未知、掌握自然规律、发明创造等），更关注由此而带来的外在的物性化创新产品。然而这种超越并不足以体现人的本质，作为一种"社会性动物"，人还有内心精神生活，还要追寻超脱于具体活动的存在意义、情感体验等，因而，创造性不仅表现在"对象化劳动"（即物化劳动）的产品创新中，更表现在主体对自我心理和精神面貌的创新上。历史表明，许多创造性人物能创造出外在产品，但自我精神扭曲、心理病态，这说明他能超越自然，但不能实现自我的精神超越而使人格健全，其创造性显然就只是单向度的创造力而不是全面的创造性。

三、全面创造性视野下的创造性教学：达成知、情、意的整合

为了发展"人性"与"人力"相统一的全面的创造性，创造性教学就要在关注学生学业成就的同时更关注内在的精神状况，达成知、情、意的整合。这样的教学一定要超越认识和理性的局限，发展学生丰富的、新颖的精神、情感、态度、人格和能力，使学生学会在对世界的创新中造就全新的自我，以独特的方式体验世界、超越平凡，做到成就与人格、"成物"与"成己"的有机统一。

第一，要挖掘知识的全面内涵，为全面创造性发展提供丰富的资源。

教学中的知识是创造性发展的重要基础，只有包含知、情、意和体现真、善、美的全面的知识资源才能滋养全面的创造性。唯理性的创造性教学将逻辑演绎成为教学的核心，课程及教学体系基本上按照一条纯粹逻辑演绎的线索展开。作为逻辑演绎载体的语言自然成为教学的决定性中介，依赖于语言的"讲授"和"灌输"也就成为知识获取的重要的甚至唯一的途径。但是，知识作为人的认识结晶，不仅包含信息、逻辑等理性的成分，还包含情感、道德、精神的意蕴，这些成分通常以"隐性"的形式存在，具有极大的个体性，无法通过语言以逻辑演绎的形式"讲授"和"灌输"。仅仅按照逻辑演绎而获得的"知识"只是知识片面的、显性成分，对发展全面的创造性是不足的。

为了挖掘知识的全面内涵，教学中不仅要注重以语言、文本等形式呈现显性知识，更要注重营造良好的教学情景、人际交往环境、心理氛围等，以此调动学生潜意识中暗示的、个体体验性的知识成分。在逻辑认知活动中，渗透激发、感染、暗示等非逻辑方式是学生体验和获得知识的隐性成分。

第二，教学过程要体现知、情、意的整合过程。

全面创造性的生长不仅需要全面的知识资源，更需要全面的教学活动，即知、情、意的整合过程。从思维上讲，教学应注重思维过程的完整体验，而不仅仅追求知识结果的逻辑论证，尤其要重视失败的体验，鼓励有"裂缝的思想"，在活生生的思维过程中体验人的非凡情感和意志；在课程线索上，教学要将知识的历史、文化线索融入逻辑体系之中，充分展示知识发生发展中生动活泼的认知、情感和意志过程；在模式和策略上，教学要运用人的认知、情感、意志的发生机理和相互作用机制，将感染、渗透、体验、暗示的策略引入课堂教学，加强学习中的情感交往，发挥教师的人格影响力，使认知活动成为一种知、情、意交融的交往活动。

第三，关注精神体验与物质活动的融通，在创造性教学活动和成就中追寻精神体验。

只有在创新实践中进行精神的体验和升华，才能形成真、善、美和知、情、意相和谐的人格，才能促进全面创造性的生长。"教育就是帮助人创造。它的功夫用在许多个体生命上，求其内在的进益开展，而收效于外。"全面创造性的形成离不开具体的、外化的物质性创新活动，而缺乏创造的内在精神体验、仅停留于物质创新的活动必定使教学成为纯知性的教学，使创造性的发展成为"人力"的发展。

由于精神的体验是隐性的，相对于看得见、摸得着、易于控制和测评的物质创新活动来说，其实施比较困难，因而在创造性教学中常被忽略。我们不能用知性的、物质的模式去衡量精神方面的体验，精神的体验与境界的提升是在潜移默化中以"润物细无声"的方式完成的，其效果不能立竿见影，没有固定的、普遍实用的操作模式。在创造性发展中，正是这种创造精神境界的提升才能为人的创造力提供不竭的动力，并给予人健全的精神生活，影响人一生的成就和幸福。

其实，意义的追寻和精神提升是人的本性，学生创新精神的滋养并不需要过多的灌输，所要做的仅仅是在创造性教学中不扰乱创新精神生长的正常生态：一是不要过多地营造外在功利的诱惑而使学生内在精神生长失去平衡；二是为创新精神的提升提供充分的养分和环境，如优秀科学家精神生活的感染，创新成果的真、善、美价值的展示等，让学生从这些丰富的创新精神资源中自行体悟；三是针对创造性发展偏差的现实，引导学生将物质创新活动中的成就感和超越的态度迁移到精神生活中，鼓励和帮助学生以创新的方式超越自身精神困惑，感受精神创新的体验与愉悦。

第四，教学与生活密切结合，在生活中体验创造性并学会创造性地生活。

创造性作为一种人性特质，只有扎根于日常生活才能得以持续和协调的生长。在现代社会，"创造性的经验是个人具有价值感，因此也是心理健康的基本支撑，如果个体不能创造性地生活"，那么"慢性忧郁症或精神忧郁症倾向都可能发生"。学校教学与生活的隔离是造成学生创造性发展中"人性"与"人力"、精神与物质失衡的重要原因。目前创造性教学活动仅局限于科技、艺术领域，更广泛的生活领域的创新活动被排斥在外。然而，在生活中体验创造、尝试超越，更能体会创造性的人性意蕴，达成"人性"与"人力"的协调发展。因为生活是综合的，是物质和精神的统一，生活中蕴含着丰富的精神资源，个体生活中会遇到的种种困惑，需要个体去超越，这不仅需要创新的方法和技术，更需要这些创新方法和技术背后的创造性人格、精神、态度，需要个体创新精神和能力的协调运用。

教师教学生过创造性的生活、在生活中体验创造性，就要在教学中通过感染、暗示等多种途径引导学生以新颖独特的方式追求生活的意义，超越心理的冲突与疑惑，超越平凡的生活，摆脱物欲的奴役，赋予平凡生活以全新的内涵，使精神处于真、善、美的健全状态，达到"日日新，又日新"。

需要说明的是，将创造性视为一种人性特质的发展，其效果缓慢而滞后，不能在短期以"创新活动""科技作品""小发明成果"等令人耳目一新的成就来展示，而立竿见影的所谓"创新教

育成果"的展示也并不说明创造性发展就一定是"人性"与"人力"相协调的发展。这就需要教育者本身具有超越的态度,克服功利思想,真正以"以人为本"的理念发展学生全面的创造性。

——本文作者:朱华伟、李小平,
刊发于《教育研究与实验》2004年第2期

2-9

灯火阑珊
——屠呦呦获诺贝尔奖的启示

2015年10月5日,瑞典卡罗琳医学院宣布,中国药学家屠呦呦获得2015年诺贝尔生理学或医学奖。这是中国科学家在中国本土进行的科学研究首次获诺贝尔科学奖,是中国医学界迄今为止获得的最高奖项,也是中医药成果获得的最高奖项。中国科学家首次被推至科学荣誉的世界巅峰。在诺贝尔奖获得者专场演讲中,屠呦呦说:"这不仅是授予我个人的荣誉,也是对全体中国科学家团队的嘉奖和鼓励。"屠呦呦无博士学位、无留学背景、无院士头衔,是中华人民共和国成立后培养的人才,赢得世界公认的卓越学术荣誉,令国人振奋自信之余,各方人士从各个角度对其成功进行分析,试图为久陷困局的中国学术界找到一味雄起的良方。那么,对于教科研机构,给我们以何种启示呢?

一、教育研究的成功来自努力与坚持

诺贝尔奖的肯定,是对屠呦呦在寻找青蒿素的艰难跋涉中所付出的智慧与汗水、坚持与坚韧精神的最好回报。对于这位85岁的药学家而言,40多年前的研究发现直到今天才获得诺奖,或许有些姗姗来迟,但对一项科学发现来说,时间却能充分检验其对于人类的巨大贡献,更能证明这项科学成果的伟大。历经190次的失败,正是"众里寻他千百度。蓦然回首,那人却在,灯火阑珊处"治学境界的最好诠释。

唐代史学家刘知几认为，研究史学须具备"史才""史学""史识"三长，即研究能力和表达技巧、历史知识、历史见解，并坦言，三者兼有者世所罕见。梁启超先生将其进行排序，认为史学排在三者的首位，强调努力与勤奋对于治学的重要性。教育学作为一门新型学科，理论性与实践性兼而有之，要想有所成就，努力与坚持应是教育教学研究者所必备的品质。

二、教育研究的成功来自尊重科学研究的本性

尊重"第一"、崇尚"首创"，这是科学研究的基本原则，科学研究之难就在于此。屠呦呦获诺贝尔奖打破了几个中国纪录——中国第一个自然科学领域诺贝尔奖；土生土长、未出国留学的科学家；未被选为院士的科学家；研究工作没有发表过SCI论文的科学家；中医科学家。以"第一"论英雄，并不是推崇"个人主义"，否定其他参与者的功劳，而是旨在强调第一发现者在科学研究中独一无二的贡献。在探索未知世界的茫茫黑夜中，是第一个发现者或发明人开启了希望的大门，为后来者找到了通往成功的路径，其地位和作用无可替代。试想，在青蒿素研究中，如果不是屠呦呦发现了青蒿素的提取方法，之后的结构测定和药物改良就无从谈起，"东方神药"不知何时才能诞生。科学研究不是"记工分式"的简单劳动，而是不折不扣的智力竞争。

教育教学研究作为学术研究的一个领域，是科学研究大家庭中的一员，理论的探索与经验的提炼同样重要，从经验的提炼到理论的形成是一个向内思考的过程，一个不断自我否定、自我肯定而达到否定之否定的历程，一个如何面对自己、如何掌握自己的过程。作为教育教学的研究者，不尖锐就无法深刻。作为一个教育教学的实践者，不包容就无法育人。《周易》中说："天行健，

君子以自强不息；地势坤，君子以厚德载物。"我想，这两种完全不同的秉性是当前教育者必须掌控的，方能具备"传道、授业、解惑"的资格，方能培养出"修身、齐家、治国、平天下"的君子。

三、教育研究的成功来自扎实做事、推陈出新

屠呦呦的科学创举，是在极端艰苦的条件下完成的。据她自己介绍，当年是"要什么没什么，只能买来七个大缸，在几间平房里用土法做提炼"。就是在这样异常落后、极端艰苦的条件下，怀着"为国家做贡献"的激情与梦想，全身心地投入工作，日复一日、年复一年，历经无数次失败，终于研制出了挽救数亿疟疾患者的"东方神药"，赢得了国际社会的尊重。现在的科研条件比以前好很多，为何没有做出世界级的领先成果呢？北京大学生命科学学院院长饶毅曾就青蒿素的研究历史进行深入调查，他意味深长地说："青蒿素的科学史在今天最大的启示是'扎实做事'。发现青蒿素的工作不是天才的工作，而是平凡的人通过认真地工作，在条件有限的情况下做出了杰出的成就。"今天国家在科技管理模式、经费投入、评价标准等各方面已经发生了翻天覆地的变化，但对于科研工作者来说，有一点是不能改变的，那就是必须坚持扎实做事、持之以恒。

"人生在世，成绩斐然，却还依然诗意地栖居在大地上。"回想我们已经取得的一点点成绩，对应我们现有的工作条件，哪一个不是靠认真扎实、吃苦耐劳一步一步做出来的？牛顿说他的成功是站在巨人的肩膀上，这里说的道理除了阐明成功需要有前人的研究基础之外，还有就是要推陈出新，不能只是固守前人的成就，要在继承的基础上善于、勇于创新，有新方法、新发现，才

能有新成果。三流条件何以创造一流成果？扎实做事！我们教科研人员也应该以屠呦呦为榜样，经得住诱惑，耐得住寂寞，埋头做实事，这样才能在当今教育改革大潮中，做出我们应有的，有意义、有价值、有影响的贡献。在这个浮躁而又功利的年代，守住一份单纯和倔强。北宋大儒张载所言"为天地立心，为生民立命，为往圣继绝学，为万世开太平"，当如是乎！

四、教育研究的成功来自研究环境和评审机制的完善

"古之学者为己，今之学者为人。"过去学者追求个体修养和人生境界的提升，而今之学者只专注于个人名利的获得。我们这个时代需要更多的人能静下心做实事、做研究。虽然我国学者发表的科研论文数量连年递增，但仍缺乏那些能开辟新领域的重大原创成果，因此，我国科研界当务之急是要聚焦于创新能力的深度培育。一方面，需加大对基础研究的投入力度，为科研人员创造更为宽松且资源充足的研究环境，鼓励他们勇于突破传统思维的束缚，大胆探索未知领域，从根源上挖掘可能催生重大原创成果的科学问题。另一方面，要进一步完善科研评价体系，摒弃单纯以论文数量论英雄的模式，更加注重成果的质量和创新性，让科研人员真正能够沉下心来，从事那些具有高风险但可能带来高回报的开创性研究工作。

"非澹泊无以明志，非宁静无以致远。"广州市教育局局长屈哨兵教授提出的广州好教育"六论"理念中明确指出，好的教育生态是基础，只有形成了好的教育生态，才可能产生好的学校、好的教师和好的学生，才可能有好的教育效果，才可能真正办成广州好教育。对于教育教学研究而言，科学、灵活、多元的评价机制和激励机制更加重要，科学、公平的评价机制就是最重要的、

最基本的生态需求。唯有此，教师才能安心于研究教学，才能涌现名师、大师，否则只能让其在文章、头衔的压力下忙忙碌碌而又碌碌无为。

这里举一个典型的好教育生态促进成功的案例：张景中教授1995年从中国科学院到广州大学工作，当年被评为中国科学院院士，张景中院士在广州大学工作20余年，为广州大学做出很多贡献，但由于种种原因，远远没有发挥好院士的作用。经我引荐，2004年张景中院士到华中师范大学兼职，仅五年时间就拿到教育部重点实验室、国家重点实验室（主任杨宗凯，学术委员会主任张景中，2011年杨宗凯任华中师范大学校长）。

近日，中共中央办公厅、国务院办公厅印发了《深化科技体制改革实施方案》，鼓励研究制定科研机构创新绩效评价办法，对基础和前沿技术研究实行同行评价，突出中长期目标导向，评价重点从研究成果数量转向研究质量、原创价值和实际贡献。也许到了该检讨、改进我们的教科研项目、成果的评选标准、方法和程序，建立科研机构成果评价新制度的时候了。

韩愈说："世有伯乐，然后有千里马。千里马常有，而伯乐不常有。"以评价促发展已成为教育发展的常态，作为广州地区最有影响的教育科研机构，我院每个教科研人员都会对教师、对学校的发展进行评价，希望大家在对其进行评价时，要做到公正、公平和科学，慎重地运用自己手中的评价权，慎重地对待自己所说的每一句评价的语言、所写的每一个评价的文字，引导教师热爱自己的教学、热爱自己的学生、热爱自己的学校。所有的评价要经得起历史的检验，不能只是停留在你的笔尖之下、唇舌之间。另一方面，更希望科研管理部门在出台相关评审评价制度时，要进行翔实、切实的调研，制定符合教育教学发展规律的评审机制，不能盲目地迷信一些新概念。例如我们现在都在谈论引入第三方评估。从理论上讲引入第三方评估机制是加强了独立性和客观性，但在当下我们是否能找到比第二方更专业、更具备职业道德的第三方呢？我想至少教育领域的第三方还需要进一步的培育和成长，目前我们最需要完善的是评价的标准制定要科学，评价手段要多元，评价数据要充分，请到真正的专家参加评审，而且与被审单位要充分沟通，尊重教育工作者，激发教育工作者的创新精神，而不仅仅是迷信新概念、迷信"重赏之下必有勇夫"的量化。如此，我们才能培养出教育领域的屠呦呦。

——《广州市教育研究院工作简报》2015 年第 4 期

第三辑

上善之教　美美与共

"师者,所以传道授业解惑也。"作为教师,既要精于"授业""解惑",更要以"传道"为责任和使命。在教育教学工作中,教师不仅要传授知识,更要用自己的视野和格局引领学生,用自己的人格和品行感染学生,用自己的习惯和性格影响学生,在世界观、人生观和价值观上对学生产生影响,让学生早立大志、存大格局。身为教师,你们自己是一个什么样的人,就会影响你们的学生成为什么样的人;你们希望自己的孩子成为什么样的人,就要希望你们的学生成为什么样的人。

3-1

莘莘学子梦，浓浓深中情
——《走进著名大学——深圳中学学子成长足迹（2017）》序言

深圳中学作为深圳市基础教育的领头羊学校、全国课程改革样板校，"建设世界一流高中，培养拔尖创新人才"是其主动选择和承担的教育使命。转眼间，深圳中学走过了七十载的光辉历程。七十年薪火相传，七十年弦歌不辍。自1947年建校以来，深圳中学累计为国家培养了约四万名初、高中毕业生，"丹心似火育得桃李满天下，美德如玉教得学子尽乾坤"。

莘莘学子梦，浓浓深中情。深中人对母校总有着一份特殊的情结，一种至真至纯的依恋。有人说这是一个"可以看到更大世界的地方"；有人说这是一个"没有权威，但要尊重师长的地方"；有人说这"可能是你待过的同伴质量最高的地方"。在这本书中，这些今年刚刚毕业的深中学子大多都谈到了他们当初选择深中的理由，谈到了他们心目中母校的样子，以及他们在深中三年发生的种种变化……他们无一例外地都为"深中人"这个身份感到万分自豪。即便是刚刚走出校门，他们就已然感受到对母校的依依不舍和深切眷恋。

十年寒窗苦，一朝天下闻。2017年，深中学子在国内高考、海外录取、国内外各类竞赛方面凯歌高奏、再创辉煌。他们中的很多人都实现了"从深中走向国内外名校"的梦想。这些骄人成绩的背后一定有着学子们独特的学习态度和生活哲学。例如，同时拿到哈佛大学、耶鲁大学录取通知书的邵卓涵同学，不仅成绩优异，而且"温和谦逊""有领导力"，被同学们称为"学霸""邵神"，他将自己的学习经验及申请学校的心路历程无条件地分享给了每一个需要的人；2017年深圳文科状元、挺进全省前十的唐灵聪不仅有文的"灵"气，还有理的"聪"敏，他既擅文辞，又长逻辑，给学弟学妹们分享了一份近两万字的地理学习材料，是名副其实的文理兼备的学习型人才……

这本书中收录的故事还有很多，它们都来自深圳中学2017届的优秀毕业生。他们是深圳中学最年轻的一届校友，他们的发展代表着深中的最新成就。毕业在即，他们用自己的故事为三年的青春生活作注脚，将那些欢笑流泪、拼搏奋斗的日子在深中定格。在母校七十岁生日之际，他们用这种特殊的方式献礼深中七十周年华诞。

读罢此书，掩卷而叹：这是一群个性鲜明的深中人，这是一群追求自我的逐梦者。他们让我们得到一个共识："优秀"没有标准的答案，"卓越"没有固定的模板，每个人都有自己的无限可能；他们也让我们看到："从晒布到世界，深中人的脚步从未停止！"

一本书，几段故事；一段故事，几多回忆。一个个鲜活、生动的成长故事，不仅让大众从微观的层面上更加深刻地理解深圳中学拔尖创新人才培养的理念是如何实践的，更是向社会展示了七十年历史积淀的深圳中学的独特校园文化和精神品格。我们衷心地希望，这些宝贵的经验能够成为更多学子成长路上的指路明灯，为更多学生的发展起到一定的引导和启示作用，也期待未来有更多的人能够续写辉煌！

2017 年 8 月

3-2

读书是人一生的精神陪伴

——《专业·生活·心灵——深圳中学教工推荐书目》序言

18岁从教至今39载,从河南到湖北、广东,从中学到大学、教研院,如今再回到中学,一路伴随我"漂泊"的是一箱箱沉甸甸的图书,两万多册藏书(八千多册英文原版书)是我珍贵的财富。而这其中,《平凡的世界》是我非常想与同事们分享的一部书。

《平凡的世界》的思想内涵,是对中华民族"自强不息,厚德载物"精神基因的传承,这部书启发、指引我们立足现实,超越自我。我们绝大部分人所处的世界都是平凡的,有苦难,也有温暖;有挑战,也有机遇;有诱惑,也有正义。但是,我们每一个人都可以因自己的选择而变得不平凡。苦难是人生最好的大学,面对苦难我们可以选择

奋斗，在奋斗中成长，在奋斗中创造幸福。

经历此次新冠疫情，我们更深地体会到：一个国家多一些矢志不渝、爱国担当的人，这个国家才会有希望；一个民族多一些无私奉献、忠诚守望的人，这个民族才会有希望。建设中国特色世界一流高中是一项开创性的事业，这就注定了我们要走的路不会是坦途。我们选择了追梦，就选择了奋斗。唯有奋斗，方不负韶华，不负学生、家长、社会各界人士的期许，不负我们身处的伟大时代。

好读书，读好书，是以追求卓越为特质的深中教师文化的重要组成部分，期待大家的读书推荐、读书分享！对于教师而言，读书不仅是专业发展的一条捷径，也是精神生活的重要内容。读书是一种信仰，是一种修行。没有读书，教师就没有真正意义上的成长和发展；没有读书，教师就失去了精神活水的注入。"春蚕到死丝方尽，蜡炬成灰泪始干。"仅仅这样来形容教师的工作是不够的。德国哲学家雅思贝尔斯说："教育就是一棵树摇动另一棵树，一朵云推动另一朵云。"作为一棵树、一朵云，让我们汲取日月精华，滋养自己、丰富自己，进而去影响他人、成就他人！

书籍是人类进步的阶梯，读书是人一生的精神陪伴。我希望深圳中学是这样的：一个喜欢读书的校长，带领一批喜欢读书的教师，培养一届又一届喜欢读书的学生；让阅读成为习惯，让书香溢满校园。

2020 年 7 月

3-3

育人之本，在于立德铸魂
——《深圳中学高一班主任工作指导手册》序言

为了探索回答"培养什么人、怎样培养人、为谁培养人"这一教育发展的根本问题，深圳中学在建校 70 周年之际，提出了"建设中国特色世界一流高中"的办学定位和"培养具有中华底蕴和国际视野的拔尖创新人才"的育人目标。

育人之本，在于立德铸魂。青少年是国家未来发展的掌舵人，是民族振兴的护航手，其价值观的构建不仅影响着青少年自身的成长与发展，也关系着国家的前途和民族的命运。高中阶段的学生处于价值观、人生观和世界观形成的关键时期，教师如何更好地开展德育工作，引导和帮助学生把握好人生方向，特别是引导和帮助青少年学生扣好人生的第一粒扣子，是我们每个教育者应不懈思考和审慎实践的命题。

"师者，所以传道授业解惑也。"作为教师，既要精于"授业""解惑"，更要以"传道"为责任和使命。在教育教学工作中，教师不仅要传授知识，更要用自己的视野和格局引领学生，用自己的人格和品行感染学生，用自己的习惯和性格影响学生，

在人生观和价值观上对学生产生影响，让学生早立大志、存大格局。身为教师，你们自己是一个什么样的人，就会影响你们的学生成为什么样的人；你们希望自己的孩子成为什么样的人，就要希望你们的学生成为什么样的人。

"路漫漫其修远兮，吾将上下而求索。"希望各位教师树立高远的教育理想，确立崇高的教育信念，身体力行、躬耕讲台、积极探索、不懈努力，早日修炼成为具有人格魅力、学术影响力的教师，做学生为人处世、治学研究的榜样，做各自学科、专业领域的领袖标杆。

2020 年 7 月

3-4

为教师赋权增能
——"深圳中学核心素养提升丛书"总序

教育的目的和本质是育人,是使学生在教育中成长并且能不断提升自我、完善自我,在关爱他人和服务社会中实现自我价值。在学校,教育的目的一方面需要依托教师的职业行为(主要是教学)来实现,另一方面更需要学校的教育理念指导和学校课程支撑,其中最核心的无疑是学校的课程建设和实施。

20世纪90年代后期,我国开始试行国家、地方、学校三级课程管理制度,课程决策权部分下放到了学校,全国各地随即开展了轰轰烈烈的"校本运动"。"校本课程"(School-Based Curriculum)本是一个"舶来品",一些欧美国家在20世纪初就开始关注以校为本的教育改革。在我国第八次基础教育课程改革的大背景下,校本课程成为我国新课改的重点,同时也成为越来越多教师和学校关注的焦点。

国家课程注重的是普适性,是为了保证学生对基本知识技能和素质的掌握和实现,针对的是大多数学生的共性需求。而校本课程开发直接指向差异,它是一种"特色课程",是以学校为开发单位和实施单位,具有浓郁的校园特色、本校学生特色,旨在尊重学生、学校和社区的独特性与差异性。这也是深圳中学一直以来重视校本课程建设,积极进行校本教材开发的出发点和落脚点。

著名哲学家吉杜·克里希那穆提曾说:"正确的教育所关心的是个人的自由,唯有个人的自由,才能带来与整体、人群的真正合作。"为什么很多学生在中等教育阶段很难体会到学习的幸福和乐趣？很大程度上是因为他们缺乏相对自由的选择权。为了赋予学生更多的自由和更多样的选择，深圳中学近十几年来通过实地调研学生的实际需求、深入挖掘素材资源，开发了360多门丰富多样的校本课程，让学生在更广阔的天地里去体验、去发现、去成为最好的自己。

深圳中学在21世纪初就成为课程改革样板学校，我们在前期校本课程探索和实践的基础上，结合新课标关于培养学生核心素养的要求，对学校360多门校本课程进行精心筛选和整理，特推出"深圳中学核心素养提升丛书"。该丛书包括《映鉴：中国近现代人物作品与人格魅力》《整本书阅读新视野》《物理思维破茧：从高考到强基》《像生物学家一样思考：高中生物学核心素养学术情境资源集》《中学生常见心理困惑答问》，内容涵盖了语文、物理学、生物学、心理学等多个学科，它们既相互联系，又各自相对独立。我们力争使这套书能够充分体现出以下特点：

第一，聚焦落实立德树人，培养学生核心素养。立德树人是教育的根本任务。培养和发展学生核心素养，根本出发点是全面贯彻党的教育方针，践行社会主义核心价值观，突出强调社会责任感、创新精神和实践能力，促进学生全面发展，落实立德树人根本任务。本丛书在编写中深入挖掘学科育人价值，有机融入理想信念、爱国主义、责任与担当、奋斗与坚持等主题内容，在帮助学生构建知识体系与关键能力的过程中，培养学生形成正向的思维模式与必备品格，全面提升核心素养。

第二，坚持以人为本，培养全面发展的人。这是深圳中学校本课程开发的灵魂追求，也是这套书的基本特征。以人为本，既是现代教育的价值取向，也是我国校本课程开发的基本价值取向。校本课程的实施归根结底是为了学生的全面发展，我们通过不断的努力和尝试，开发编写丰富多样并且适合本校学生发展的校本教材，践行对以人为本的追求和实践。

第三，坚持理论与实践的有机结合。这套书不是空谈理论，而是立足于深圳中学的学校特色和课程特点，针对实践进行反思和总结，致力于理论建构与实践探索的统一。其中，既有对本学科专业知识的解读，又融合了大量针对提升学生学科素养的导读、解析和课例。

第四，坚持注重多维视野的相互关照。从宏观与微观、历史与现实、继承与超越、国际与本土等方面探讨学生生涯发展规划、校园特色植物志、基于项目的学习、数学培优方式等问题领域，既反映了学科发展的基本趋势，又体现出理论的创新诉求。

校本课程的显著特点是给教师赋权增能，让教师成为课程开发的主体。这套书凝聚了诸多教师的智慧和汗水，他们在选题、组稿、修改、定稿和编辑出版的过程中付出了艰辛的劳动。如果没有他们的努力和付出，这套书是很难和大家见面的。非常感谢这套书的编著者们，是他们的辛勤和卓越成就了深圳中学校本课程的厚度！

校本课程的开发是一个渐进的过程，尤其是特色的形成需要进行长期的摸索和不断的积累。几十年来，深圳中学从未停止探索的脚步。我们期望通过我们的微薄之力进一步发展学生的能力和兴趣，进一步推进校本课程的发展和进步。我们乐于和学界同仁分享我们的这些成果，同时也真诚希望大家批评指正，欢迎各位同仁不吝赐教。

是为序。

2023 年 10 月于深圳中学新校区斯善楼

3-5

何以传奇，念兹在兹
——《映鉴——中国近现代人物作品与人格魅力》序言

记得是 2018 年 9 月，刘晓慧老师拿来她"民国清流"开课后整理的第一篇讲课稿《"多维"蔡元培》，字里行间展现出的清晰思路和深刻洞见让我略有惊讶。后来，在她个人微信公众号里认真读过几篇文章，有她上课的心得，也有学生的分享，都令我印象深刻，能感受到她为这门课付出了很多心血，所以我时常鼓励她将课程内容整理成册。因此，现在读到这部完结的书稿，在眼前一亮之余，也觉得顺理成章。

在很多场合，我都举过中国近现代教育的例子，西南联大为何堪称传奇？春晖中学为何名震一时？因为当时很多大师齐聚于此，念兹在兹。仅仅存在八年零十一个月，却诞生了两位诺贝尔奖得主（杨振宁和李政道）、一位沃尔夫数学奖得主（陈省身）、三百余位两院院士和人文大师的西南联大，见证了陈寅恪、朱自清、闻一多、华罗庚、吴大猷、叶企孙等学者共同在此治学讲学的文化盛事。当年白马湖畔的春晖中学，荟萃了一大批学者名师，夏丏尊、朱自清、朱光潜、丰子恺等都曾在此执教讲学。

正如梅贻琦先生所言："所谓大学者，非谓有大楼之谓也，有大师之谓也。"有人说，中国近现代大师云集、群星璀璨，百花齐放、百家争鸣，尤其是自 1915 年兴起的一场知识界的新文化运动，推动了现代科学在中国的发展，为马克思主义在中国的传播和五四爱国运动的爆发奠定了思想基础。从那以后，新思潮不断涌现，大师成群而来，可谓中国群星闪耀时。

"以史为鉴，可以知兴替。"我们现在回过头来看，不禁思考这样一个问题：大师何以成为大师？回答这个问题，需要重新回溯他们的生命历程，回望那个波澜壮阔、吐故纳新的时代。习近平总书记指出："历史是最好的老师。在漫长的历史进程中，中华民族创造了独树一帜的灿烂文化，积累了丰富的治国理政经验，其中既包括升平之世社会发展进步的成功经验，也有衰乱之世社会动荡的深刻教训……治理国家和社会，今天遇到的很多事情都可以在历史上找到影子，历史上发生过的很多事情都可以作为今天的镜鉴。"

"以人为鉴，可以明得失。"习近平总书记是从大处着笔的，若从小处来讲，我们的为人处世之理、修身养性之道也都可以从前人那里汲取智慧，在看史、评史的过程中也会饶有几分趣味，也许会找到几分自己的影子，也许会寻到生活难题的答案。这也就是"学"和"术"的两个步骤："明体"和"达用"——前者是求明白事情的真相，后者则是措置事情的法子。历史是求明白社会的真相的，然后对自己的生活产生一些积极的影响，即帮助自己更好地过自己的生活。

党的二十大报告指出，"中华优秀传统文化源远流长、博大精深，是中华文明的智慧结晶"。刘晓慧老师的"民国清流"校本课，通过对近现代历史人物的剖析以及对其作品的阐释，达到了增强学生自我认知、提升人文素养、厚植中华底蕴的教学目的。如今，她对四年多来的教学实践做了系统梳理，对深中学子在课堂上留下的智言妙语进行了细致归纳，从而有了现在的这本《映鉴：中国近现代人物作品与人格魅力》。看了此书，我最大的感受是：行文晓畅、可读性强，文笔优雅、逻辑清晰，在素材的选择上旁搜远绍、取精用宏，而且各个章节问题的设置与延伸都是有的放矢、发人深省，展现了作者阅读的广度和思想的深度。

最后，希望刘晓慧老师再接再厉，做出更好的成绩。

2023 年 1 月于深圳中学新校区

3-6

终身之计,莫如树人

——《绿野深中》序言

2020年9月,深圳中学新校区在社会各界的期盼和瞩目中迎来了第一批师生,典雅的建筑、繁茂的草木、动人的花鸟、潺潺的深中河,无不令人爱之怜之、心驰神往。在轻松自然的环境中,师生们潜心治学、安心读书,静听山鸟、闲赏桂花,凭栏远眺、临水观鱼。正如哲学家莱布尼茨所言:"世界上没有两片相同的叶子",深中这片茂盛的森林为全体师生提供了自由发展、充分发展、全面发展的空间;每一位师生犹如一片片自在起舞的叶子,在一次次的选

择中认清自己的方向，保持内心的坚定，专注走好自己的路，他们用各自的努力共同缔造出独一无二的深中四季盛况。

"一年之计，莫如树谷；十年之计，莫如树木；终身之计，莫如树人。"自1947年建校以来，深圳中学这片热土，以其肥沃的土壤、宽广的胸怀，培育成就了近五万名优秀学子。近六年来，全体教职工聚焦"建设中国特色世界一流高中"的办学定位，致力于"培养具有中华底蕴和国际视野的创新人才"，不断挑战自我，刷新荣誉。每当我漫步校园，看到绿树成荫、草长莺飞，深感学校的发展犹如这丰茂的草木一般生机勃勃、欣欣向荣。"律回岁晚冰霜少，春到人间草木知。"校园里的一草一木、一叶一花，都是深中近年来卓越成绩的见证者。

王安石有云："古人之观于天地、山川、草木、虫鱼、鸟兽，往往有得，以其求思之深而无不在也。"深圳中学国际部热爱生物的同学们历经三载，独立完成了深圳中学泥岗校区的植物的统计、拍摄工作。通过一系列的整理编纂，在建校75年之际编写出《绿野深中》这本书。希望深中学子犹如书中所记录的深中的草木一般，拥有蒲草般的坚韧品质、翠竹般的傲骨气节、凤凰花般的灿烂人生。同时，也希望这本书的读者能感受到深中人对美的欣赏、对生活的热爱。

最后，祝愿明日深中蓬勃发展、繁荣兴旺。

2022年11月于深圳中学新校区

数学是美的
——《数学为美——我的教研探索与实践》前言

我从 18 岁就开始教书,到如今已经在教育领域走过 41 个年头。自学生时代喜欢数学,到从教后喜欢数学课堂、数学教育,延伸至喜欢教育,40 多年以来,我一直倾心于自己热爱的数学与教育事业。

我的中小学时代是在"文化大革命"中度过的,几乎没有机会读书学习。1978 年是科学的春天,也终于迎来了我学习生涯的春天,这一年我读到徐迟的报告文学《哥德巴赫猜想》,数学家陈景润的故事让我激动不已,对我影响极深。1979 年高考填报志愿,我将 4 个专业全都填成了数学,并如愿以偿入读家乡的汝南师范学校数学专业。因为对数学感兴趣,读一年级时获得全校数学竞赛第一名,这对我是极大的鼓舞。毕业后分配到县里的农村中学——红光高中(现汝南一中),教高中毕业班数学,第二年担任学校团委书记,由于工作踏实勤奋,被评为汝南县教育系统先进个人。这是我教育生涯的起点,也是在这里,我从喜欢数学发展到喜欢数学教学,直到后来喜欢教育、思考教育、研究教育。这段经历使我对教书育人

产生了特别浓厚的兴趣并以此作为自己的事业追求。

1989年9月,考取湖北大学数学系研究生,师从林六十教授。其间我夜以继日、如饥似渴地学习钻研,先后担任北京数学奥林匹克集训队教练兼班主任、国际数学奥林匹克中国国家集训队教练。1992年研究生毕业后,入职武汉市教学研究室,担任数学教研员、湖北省奥校副校长、《中学数学》杂志编委。当时高考和竞赛资料都比较稀缺,我在教研资料的编写方面花了很多工夫,做了一些创新,出版了著作,发表了20余篇论文。同时,在辅导学生参加数学竞赛和指导青年教师成长方面也取得了较好的成绩,如担任第4届、第5届全国华罗庚金杯赛武汉队主教练,武汉队获全国个人冠军、团体冠军。1993年,在湖北省许多数学前辈的支持下,31岁时被破格评为特级教师。这段经历使我对数学教育事业产生了扎根一生的热爱与执着。

1995年9月,调任武汉市江岸区教委副主任,主管全区教科研工作。1996年担任汉城国际数学竞赛中国队主教练,中国队获团体冠军。上任江岸区教委副主任后做的第一件事,就是筹办理科实验班,探索资优生培养方法和成才规律,这也是我探索培养拔尖创新人才的开始。在开办理科实验班的过程中,坚持每周一、周六骑着自行车到武汉六中、武汉二中义务上课,风雨无阻。在此期间,努力学习先进理论,以理论指导自己的教学实践,在教学实践和竞赛指导过程中总结提高,以积累经验、丰富理论,并将数学竞赛的教学经验、心得体会写成论文发表,出版了个人的第一本专著《奥林匹克数学教程》。其间获评武汉市学科带头人、湖北省十大杰出青年、首届湖北省教育科研学术带头人、湖北省有突出贡献中青年专家、享受国务院政府特殊津贴专家。这段经历为我后来探索拔尖创新人才的培养实践奠定了扎实的基础。

2000年3月，赴美国加州州立大学洛杉矶分校做高级访问学者，在此期间除了完成大学规定的学习、研究和考察之外，夙兴夜寐，收集整理了大量的数学和教育资料，让我进一步找到了学术上的兴趣和成就感，确信自己不太适合做行政官员，更适合做数学教育研究，或者更适合做教育，办好一所中学。因此，从美国回来后，辞去江岸区教育局党委书记职务。次年7月担任人大附中珠海校区校长，办学三年，得到珠海市政府及人大附中刘彭芝校长的大力支持，学校办得有声有色，赢得了良好的社会声誉。为了提高教育学养、提升格局、开阔视野，2001年9月开始攻读华中科技大学教育科学研究院教育学博士，师从副校长冯向东教授。这段经历使我在教育研究、中外教育史、学校建设和管理等方面积累了丰富且宝贵的经验。

2004年2月，应张景中院士之邀，入职广州大学计算机教育软件研究所，同年被评为研究员，接替张景中院士担任软件研究所所长，2007年兼任计算机学院党委书记。张先生学高为师、德高为范，在做人做事和学术研究方面，都是我的榜样和楷模。在张先生的指导下，我潜心致力于拔尖创新人才培养、教育数学、数学教育、数学教育人才培养等方面的研究——将现代数学的知识、思想和方法融入数学创新人才培养中，探索数学拔尖创新人才的早期发现和培养规律，构建竞赛数学的学科体系，主要成果形成专著《从数学竞赛到竞赛数学》《数学解题策略》等；2007年担任第48届国际数学奥林匹克中国国家队副领队，2009年担任第50届国际数学奥林匹克中国国家队领队、主教练，率中国队获团体冠军，指导多名学生获国际金牌；担任中国教育数学学会常务副理事长兼秘书长、国际教育数学协会常务副会长，连续多年主持中国教育数学学会理事会暨学术年会；针对国际数学教育界长期争论的几何教学改革难题，指导10名硕士研究生基于张景中院士的教育数学思想，开展初中数学教材改革的理论研究和教学实践；指导数学教育方向硕士生、博士生30余名，开设"竞赛数学研究""教育数学概论""数学方法论"等课程，参加研发的《普通高中课程标准实验教科书数学》（24册）经全国中小学教材审定委员会审查通过，并作为同类教材中唯一代表被引入台湾地区。这是我学术生涯最好的10年，这段经历让我在数学教学、教研和管理方面实现了质的提升。

2014年1月，受广州市教育局局长屈哨兵教授之邀，任广州市教学研究室主任、广州市教育科学研究所负责人，负责筹办广州市教育研究院并担任院长、党委书记。屈局长对广州市教研院的工作给予了高度评价：在继承与整合方面，克服了很多困难，非常成功；在创造与跨越方面，已经初现大格局。其间，我申报了广东省教育科研"十二五"规划重点项目"教育数学创新教学实验——以初中数学为例"，在广州市15所中学开展教育数学创新教学实验研究，在《课程·教材·教法》《数学教育学报》等刊物上发表相关论文10余篇，主要成果入选教育部2016年课程改革典型案例，获国家级教学成果奖二等奖（2018年）；在张景中院士的带领下，我参加了《普通高中教科书数学》的研发与编写工作，担任副主编，该教科书广受好评，2021年获首届全国教材建设二等奖。为了培养青年教师，我组织开办了广州市高中数学青年教师高级研修班，在广州市最好的10余所中学和区教研机构遴选30余名优秀青年教师，以国际化视野，结合学员实际和高中数学教学实践制定培训规划、设计培训课程及各门课程教学大纲，指导学员自学，示范典型课例等。欣慰的是，三年的培训下来，我与这批学员结下了深厚情谊，他们如今都已成为各学校或区教研机构的骨干教师。这段经历使我对教育理论、政策与实践的平衡有了更进一步的认识。

2017年1月，就任深圳中学校长，基于多年的工作经历，我尤其重视教研工作。教研水平与教学水平是成正比的，深中最终能不能建成国内领先、世界一流的高中，一个至关重要的因素就是我们的教研组能不能成为国内领先、世界一流。我时常鼓励老师们要积极做教科研，申报课题、发表文章、著书立说。我一直在学校倡导：深中不仅要成为学生成长的乐园，也要成为教育家成长的摇篮。我们通过"青蓝工程"等项目，为每个青年教师配备教学导师；以学科研究室、树人工作室等为平台，培养了一批师德高尚、业务精通、创新能力强的教学骨干和优秀班主任。"学不可以已"，这段经历是对我数十年教研理论和经验积累很好的实践和检验，也激发了我进一步学习、研究和实践的动力。

2021年5月覃伟中市长到深圳中学调研时，希望我把多年从事教育事业的经验汇编成书，让更多人共享深中教育智慧，于是就有了《上善之教——我的办学思考与实践》《数学为美——我的教研探索与实践》这两本书。其中这本数学教育文选基本上展现了我学习、教学和研究数学教育的历程，由于这些文章是在不同时期、不同岗位和不同角色时撰写，回看难免会有一些局限性，但都是我过去每个阶段学习、研究、工作珍贵记忆和宝贵经验的有力印证。经过精心的整理和挑选，我将其按内容分为数学教育教学、数学思想方法、数学解题研究、数学奥林匹克、数学背景研究和数学问题探索六个部分，各有侧重地编选一些已发表的文章，为了编排与阅读的方便，我将部分文章的标题和内容做了一些修改与调整。另外，书后添加了 5 个附录：附录 1 按时间与内容两条主线收录了公开发表的数学或数学教育论文索引详细信息，附录 2 按时间与内容两条主线收录了公开出版的著作索引详细信息（基于篇幅考虑，一些旧版图书未列全），附录 3 是我家乡的前辈、乡贤老康先生对我的褒奖和鼓励，附录 4 和附录 5 为 2009 年我担任国际数学奥林匹克中国队领队、主教练时《长江日报》的两篇相关新闻报道。

这些文章既有与师长的合作，也有与学友的交流，还有对学生的指导。整理文集的这段时间，很多人与事在记忆深处被唤醒。不禁想起 18 岁时初为人师执教高中毕业班的激动与向往；30 岁时为讲好评特级教师参评课"三角函数的周期性"而查阅了几乎所有关于三角函数周期性的文献，从创设问题情境、引入概念、例题讲解、方法总结到数形结合思想的渗透，精心编写教案，还特地从汉口骑自行车、坐轮渡去武钢三中向全国著名特级教师钱展望老师请教，得到钱老师画龙点睛的指导，经过这一节课的锤炼，我对课堂教学有了更深刻的认识和层次上的升华，后来这节课的教案由《中学数学》约稿发表——这也成为我和亦师亦友的钱老师交往中值得回忆的一段佳话，后来我们一起合作撰写了 20 余部竞赛图书；不禁想起 32 岁时在《中学数学》杂志发表 10 余篇连载文章时的忙碌与喜悦；45 岁时为写好专著《从数学竞赛到竞赛数学》，废寝忘食，每晚熬至深夜的情形仿如昨日。

感恩生逢伟大的时代，感恩从教以来 41 年曾给予我关心、指导和帮助的各位师友，因为有你们，才会有《数学为美——我的教研探索与实践》的破壳而生。

数学是美的，著名数学家 M. 克莱因说："数学是人类高超的智力成就，也是人类心灵最独特的创作。音乐能激发和抚慰情怀，

绘画使人赏心悦目,诗歌能动人心弦,哲学使人获得智慧,科学可改善物质生活,但数学能给予以上一切。"

对书中的疏漏或错误之处,诚挚欢迎读者批评与指正。

2022 年 10 月于深圳中学新校区

3-8

《高中数学精讲》前言

课程是学校教育的载体，办好一所学校落脚点在提升教育质量，提升教育质量的关键点在课程。我国施行的是国家、地方、学校三级课程管理制度，因此学校就有了一定的课程开发自主权，即校本课程。近年来，深圳中学不遗余力地打磨完善、创新开发了一系列高水平的校本课程，目前已开设360余门课程，内容丰富，涵盖面广。同时，我一直鼓励并支持参与校本课程开发的教师，在经验成熟的基础和前提下将教学实践成果化——编写校本教材。

校本课程是基于学生差异的因材施教，是适合本校学生的课程。20世纪90年代，人大附中、上海中学、华东师范大学二附中、武钢三中、黄冈中学等著名中学为学生开发和编写了具有相当难度和广度的数学学习资料，带动其在高考、竞赛等方面声名鹊起。近年来，深圳中学一直在学习、借鉴、吸取国内外著名中学课程建设的宝贵经验。在深圳中学，我一直倡导在国家数学课程基础上要学多点、学深点、学难点，要有更多、更好的适合深中学生水平的数学校本课程，给每一位同学提供可充分发展的课程，科学合理地发展学生的智力，实现学生的充分发展。目前，深圳中学开设了数学分析、微积分、线性代数、解析几何与群论初步、射影几何、统计学、初等数论、离散数学、算法导论、博弈论、数理经济学原理、逻辑导论、AP微积分、AP统计学等大学先修课程，以及数学文化与数学史、数学思想方法、数学建模、数学问题选讲、数学竞赛、欧氏几何、强基计划数学等选修课；出版了深圳中学校本教材《数学培优竞赛讲座》《数学培优竞赛一讲一练》丛书（三、四、五、六、七、八、九、高一、高二、高三年级，共20册，清华大学出版社）。

我从2003年开始参加新课标湘教版高中数学教科书的研发工作，在这个过程中积极向张景中院士等前辈、老师学习，得到了很好的锻炼和提高，后来担任湘教版高中数学教科书的副主编，同时我个人也出版了一些高考备考、数学培优和数学竞赛方面的书籍，对新课标、新教材、新高考有较深入的学习和理解。因此，在深中工作的数年来，我一直希望能够有机会借助自己多年积累的经验，带头开发一套适合所有深中学生的数学校本教材。

众所周知，2022年全国高考数学创下了近些年的难度新高，以此为契机，我决定将这个酝酿多年的想法付诸实施。在今年高考数学考试结束后的第二天，我组织深中数学组十余位高三一线老师和骨干教师召开研讨会议，动员大家集思广益、群策群力，编写一套贴合新课标、适应新高考、匹配深中学生水平的深中数学校本教材，于是《高中数学精讲》《高中数学一课一练》丛书应运而生。如今呈现在各位读者面前的这套丛书，凝聚了深圳中学数学教师多年来的教学经验、教育智慧和辛勤付出。

在本套书的撰写过程中，我们以最新《高中数学课程标准》精神为指导，以高中生数学认知能力为基础，以最新《高中数学课程标准》知识脉络为主线，以发展学生核心素养为宗旨，对标新高考，注重提升学生数学学习的质量，充分将新课标、新教材和新高考理念融入其中。

《高中数学精讲》涵盖高中数学课程和新高考数学的所有内容，难度不超过高考数学，按章、节编写，每章开头简明扼要地介绍该章的内容、方法和意义，给出该章的知识结构框图，方便学生形成自己的知识结构。每节包括如下三个栏目：

内容提要　梳理每节中的基本概念、公式、定理，突出重点、难点和数学思想方法技巧，提供一个知识网络，授人以渔。

解疑释惑　通过精心设置的一系列问题与解答，解释高中生数学学习过程中经常遇到的疑难问题，主要包括对概念、性质的解析，公式的理解和应用，定理的条件分析和使用要领，方法技巧的归纳总结，对某些似是而非的论断的辨析等，授业解惑。

精讲精练　每节精选4道具有典型性、新颖性、启迪性的例题，覆盖该节的知识、方法、技巧，遵循可接受性原则，按由浅入深、从易到难排序，通过分析、求解和点评，介绍与该例题有关的解题方法与技巧，帮助学生归纳解题规律，提高解题能力；每道例题后面配两道有相关性、发展性的练习，帮助学生熟练演算技巧，巩固、拓展、深化对知识的理解和认知，培养分析问题、解决问题的能力，举一反三。

在书的后半部分，我们提供了所有练习题的详细解答，帮助学生自学以及自我评价。

与《高中数学精讲》配套使用的是《高中数学一课一练》。

《高中数学一课一练》按章、节编写，涵盖了新高考所有知识点，并增加多选题型。每节与《高中数学精讲》对应，精选12道习题，循序渐进、拾级而上，遵循因材施教原则，习题设置兼顾多个层次的学习需求，分为A、B、C三层，适合分层教学，学生在实际使用中可以按需取舍。例如，对于数学基础较好的学生，可以在完成A组和B组习题的基础上努力尝试完成C组习题；对于数学基础较弱的学生，可以在完成A组习题的前提下努力尝试完成B组习题。书后附有所有习题的详细解答。《高中数学一课一练》与《高中数学精讲》配套使用，才能达到预期的学习效果。

本丛书包括必修一、必修二、选择性必修一、选择性必修二，共8册。

本丛书由《高中数学精讲》《高中数学一课一练》编委会编写，编委会由深圳中学数学组的优秀中青年老师组成，他们是：洪建明、曾劲松、张红兵、董正林、黄文辉、张文涛、周峻民、许苏华、罗承成、邱际春、赵志伟、林健。在本丛书的编写过程中，我们力求精益求精，但其中难免存在一些疏漏与不足之处，敬请广大读者给予批评指正。

祝更多的同学喜欢数学，取得自己理想的成绩！

2022年9月于深圳中学新校区

| 从游集：让优秀的人培养更优秀的人

3-9

《数学培优竞赛讲座》前言

从 1985 年我国第一次派队参加国际数学奥林匹克（简称 IMO）以来，中国代表队参加了 38 次 IMO（1985 年派 2 名队员参赛，1998 年因故没有参加），24 次获总分第一（其中有 13 次 6 名队员都获得金牌），8 次第二，2 次第三，第四、六、八名各 1 次，224 人次参赛，共获金牌 180 块、银牌 36 块、铜牌 6 块。早在 1994 年，中国科学院数学物理学部王梓坤院士就写道：近年来我国中学生在 IMO 中"连续获得团体冠军，个人金牌数也名列前茅，消息传来，全国振奋。我国数学，现在有能人，后继有强手，国内外华人无不欢欣鼓舞"。这对青少年学好数学无疑是极大的鼓舞和鞭策，极大地激发了青少年学习数学的热情。

为了给对数学有兴趣的高中资优生提供一个扩展知识视野、提高解题能力和培养创新精神的平台，我们以高考数学难题、著名大学强基计划招生和国内外高中数学竞赛为背景，根据多年辅导高中数学资优生参加高考数学、大学自主招生、著名大学强基计划招生和高中数学竞赛所积累下来的经验、体会和素材，编写了这套《数学培优竞赛讲座》（高一分册、高二分册、高三分册），以及配套的《数学培优竞赛一讲一练》（高一分册、高二分册、高三分册）。

《数学培优竞赛讲座》按照普通高中数学教科书的进度分专题编写,在内容的安排上力求与课堂教学同步,采用从课内到课外逐步引申扩充、由浅入深、由易到难、循序渐进的教学方法;在夯实基础的同时,通过新颖、有趣的数学问题,构建通往高考数学、著名大学强基计划招生和高中数学竞赛的捷径;在学生力所能及的范围内帮助学生扩展知识视野,提高思维能力;在有利于学生把高中数学教材的知识巩固深化的同时,又恰到好处地为学生拓宽有关强基计划和竞赛数学的知识;以高考数学、著名大学强基计划招生和高中数学竞赛中的热点、难点问题为载体,介绍竞赛数学中令人耳目一新的解题方法与技巧,激发学生创新与发现的灵感,帮助学生开发智力,提高水平去参加高考数学、著名大学强基计划招生考试和高中数学竞赛。

《数学培优竞赛讲座》以专题讲座的形式编写,每讲的主要栏目有:

数学名言欣赏：以名人名言开宗明义，开启每讲的数学学习之旅。

知识方法述要：详细归纳相关的知识、方法与技巧，突出重点、难点和考点。对于高中数学教科书没有的内容，尽可能给出新知识、新方法的产生背景。知识、方法与技巧尽可能系统、完整。

例题精讲：含"分析"、"解"和"评注"，从易到难，拾级而上，由基础题、提高题、综合题组成。本丛书中很多例题的解答之后有评注，评注的作用是对某些问题或解答过程中意犹未尽之处进行阐述和分析，以起到画龙点睛的效果；对可进一步深入研究的问题予以拓展引申，意在引导学生去创造；对一题多解的问题提出相关的解法，发现特技与通法之间的联系。总之，评注的目的在于，一方面揭示问题的背景和来源，另一方面启迪学生发现解决问题的思路及通过合理猜测提出新问题的方法，使学生不仅知其然，更知其所以然，以期达到授之以渔的目的。

同步训练：含填空题、解答题，为方便学生自学，在书后每题均给出详细解答过程。

《数学培优竞赛一讲一练》是《数学培优竞赛讲座》配套练习册，方便使用者自我检测，书后附有详细解答，可以检验对数学知识的理解水平和掌握程度。《数学培优竞赛一讲一练》与《数学培优竞赛讲座》配套使用，才能达到较好的学习效果。

本丛书注重数学基础知识的巩固、提高和数学思想方法的渗透，凸现科学精神和人文精神的融合，加强对学生学习兴趣、创新精神、应用意识和分析问题、解决问题能力的培养。希望通过本丛书的学习，学生能够发现数学的美丽和魅力，体会数学的思想和方法，感受数学的智慧和创新，体验经过不懈地探索而获得成功的兴奋和快乐，进而激发学习数学的兴趣。

数学大师陈省身教授为 2002 年 8 月在北京举行的第 24 届国际数学家大会题词："数学好玩"。我们深信本丛书能让你品味到数学的无穷乐趣。著名数学家陈景润教授说得好："数学的世界是变幻无穷的世界，其中的乐趣只有那些坚持不懈的人才能体会得到！"

本丛书是高中生参加数学竞赛的宝典，是冲刺著名大学强基计划、破解高考数学压轴题的利器，是中学数学教师进行数学竞赛辅导、进修的益友。

在本丛书的编写过程中，笔者参考并引用了有关资料中的优秀题目，为求简明，书中未一一注明出处，在此，谨向原题编者表示感谢。由于笔者水平有限，书中难免会有疏漏之处，诚挚欢迎读者批评与指正。

2024 年 5 月于深圳中学新校区

《数学的再发现》序

美国认知主义心理学家布鲁纳在《教育过程》一书中提出了著名的发现法教学。发现法教学要求学生在教师的指导下，能像科学家发现真理那样，通过自己的探索和学习，"发现"事物变化的因果关系及其内在联系，形成概念，获得原理。发现法教学对培养拔尖创新人才具有重要意义。严运华老师的这部新著系统总结了数学的再发现的理论、方法和途径，并用之于数学教学，是发现法教学在数学教育实践中的应用。目前，正值举国上下热议"钱学森之问"，积极探索培养拔尖创新人才，严运华老师的新著《数学的再发现》的出版可谓恰逢其时。

由于数学的学科特点，数学学习与数学教学都要经历探索与发现过程，也就是要经历数学的再发现过程。

学生的数学学习活动不应只限于对概念、结论和技能的记忆、模仿和接受，良好的数学学习应是探索和发现的过程，独立思考、自主探索、动手实践、合作交流等都是数学学习的重要方式，经历数学知识形成与发生的过程，感受数学公式、定理的发现过程是把握数学本质的不可或缺的关键一环；探索和发现学习的实质是人对客体的认识，是在主客体的相互作用中，同化作用与顺应作用之间平衡的结果。真正有意义的学习不是被动接受现成的书本知识和观念，而是在学习经验的过程中主动探索、发现经验中事物之间联系的过程。学习开始于一个对学生来讲存在疑问和问题的经验情境，学生在这种情境中运用自己已有的知识和经验对问题进行探索，提出解决问题的假设，然后再在经验中验证假设。

布鲁纳将探索、发现和书本知识的学习融合在一起，他认为，学生要使呈现在面前的知识成为自己的知识，就必须亲自从事发现的行动，亲自从事问题解决模式的构成，即主动地选择信息和改造信息，提出假设，并根据前后矛盾的或不一致的证据修正假设。学生学习书本知识的过程，不是对书本知识的直接接受、占有和重复，而是学生对要学习的知识能动地进行选择、批判、加工和改造的过程，这就是学生探索发现学习过程的实质。

20世纪80年代初，我在家乡一所中学教书时做过一学期的发现法教学实验，效果甚好。从数学教育的角度看，数学教学的目的是帮助学生有效地进行数学学习，因此，数学教学要引导学生经历数学知识形成的发生发展过程，也就是要经历数学的再发现过程。我国新一轮课程改革特别重视培养学生的创新意识与实践能力，《高中数学课程标准》明确指出："倡导积极主动、勇于探索的学习方式，注重提高学生的思维能力，体现知识的发生发展过程，促进学生的自主探索。"著名数学教育家斯托利亚尔曾指出："数学教学是数学活动的教学（思维活动的教学）。"数学教学中存在三种思维活动：数学家的思维活动，数学教师本身的思维活动以及学生的思维活动。数学教学的核心是这三种思维活动的有机结合。因此，教师要充分暴露数学的思维过程，既要暴露数学家的思维过程，又要暴露学生的思维过程，还要暴露自己的思维过程。在教学活动中，如备课、上课、答疑、批改作业、批卷、辅导等教学环节都应该在分析上述三种思维过程的基础上进行，应予以重视。这些环节都是实现学生思维与数学家思维结构同步化的重要方面。因此，在教学中，教师要根据数学知识本身发生、发展的过程及规律，引导和帮助学生进行知识的学习过程，而不是把现成的知识灌输给学生。要引导学生通过自身的探究与内化，把握数学本质，领悟数学思想。著名数学教育家弗赖登塔认为，数学教学方法的核心是学生的"再创造"。因此，数学课应当是学生的"再创造"的过程，一个充满探索与交流、猜测与验证的活动过程，使学生获得"感知—发现—再创造"的体验，亲历知识发现的过程，了解和掌握认知活动的规律、特点与过程。美国心理学家布鲁纳的发现法教学也是要求学生在教师的指导下，围绕问题展开，也是突出探索与发现过程。它的基本程序是：提出问题—创设问题情境—猜想假设—寻求正确解答—对讨论的问题作出总结、得出结论。在发现法教学的实施过程中，学生的主体作用应得到充分的体现。当然，学生的活动如果没有教师的正确引导，其发现的效果会不尽如人意，甚至会发生"离题"，所以作为"导演"的教师必须掌握恰当的引导方法。

总之，数学的再创造与再发现应贯穿于整个数学教学中，渗透到每一个环节。教师在教学中应千方百计激发学生数学思维的积极性。即当学生数学思维的火花刚点燃时，要鼓励而不要抹杀；当学生数学思维发生障碍时，要启发而不要妥协；当学生数学思维偏离正确轨道时，要引导而不要责难；当学生数学思维过于活跃时，要疏导而不要压制。

我与严运华老师相识二十多年，20世纪90年代初，在湖北大学读研究生时主持《中学数学》杂志数学竞赛栏目，1992年第8期上登载了严运华老师的论文《一道IMO试题的拓广》，从那以后，因数学竞赛我们有了更多的联系与交流。严运华老师具有深厚的数学功底，他本人曾参加湖北省大学生数学竞赛获得第一名的好成绩（当时我是命题组成员），撰写了不少有关数学竞赛试题研究（解法、变式及推广等方面）的论文，并发表在有关数学教育杂志上（本书第四章收录了他有关数学竞赛试题研究的论文）。二十多年来，严运华老师一直致力于中学数学及其教学研究，撰写并发表了很多中学数学研究和数学教育研究的论文。中学数学研究论文主要涉及对数学问题简捷解的探索、解决数学问题的一般方法研究及数学问题的推广和新的数学结论等方面。在本书第四章中所列举的论文论述了发现这些新解法、新结论、新方法的感悟，这些珍贵的经验无论对大学生、中学生还是数学研究人员，都具有很好的参考价值。数学教育论文则主要涉及教材研究、教学策略与教学模式研究、高考试题研究等方面。严运华老师特别重视学生经历数学的"再创造"过程，在长期的教学实践活动中构建了数学再发现的教学模式，旨在引导学生经历再创造和再发现过程，领悟数学本质，提高思维能力。本书第五章围绕数学的"再发现"，从情境创设、问题设计、思想渗透、教学模式构建、学生参与等诸方面进行论述，对中学数学教师及即将从事数学教育的大学生和研究生都具有很好的指导性，值得一读。

我相信，本书将会帮助数学教师进一步理解和认识数学教与学的规律，引导教师走上数学教研之路。衷心期望严运华老师的研究成果得到更广泛的推广与应用，走进学校，深入课堂，让更多的学生和老师从中受益——体验数学发现的快乐、领悟数学的魅力、感受数学的力量。

2014年6月于广州市教育研究院

3-11

《从数学竞赛到竞赛数学》前言

第 1 版前言

自世界上第一次真正有组织的数学竞赛——匈牙利数学竞赛（1894年）以来，数学竞赛已有 100 多年的历史了。国际数学奥林匹克（International Mathematical Olympiad，简称 IMO），从 1959 年到 2009 年正好是第 50 届（1980 年空缺一年）。1956 年在著名数学家华罗庚教授的倡导下，我国开始举办中学生数学竞赛，1985 年我国步入 IMO 殿堂，加强了数学课外教育的国际交流，20 多年来我国已跻身于 IMO 强国之列。如今，世界上中学教育水平较高的国家大多举办了数学竞赛，并参加 IMO。国内大多数高等师范院校数学教育专业开设了奥林匹克数学选修课。现在奥林匹克数学已经成为当今数学教育中的一股潮流。

100 多年数学竞赛的研究与实践证明，科学合理地举办各级数学竞赛对传播数学思想方法，培养学生学习数学的兴趣，增强学生的思维能力，丰富学生课外活动的内容，促进数学教师素质的提高和数学教学的改革，发现和培养优秀人才等方面产生了积

极的作用。许多学者正是通过数学竞赛活动，对数学产生浓厚的兴趣，才步入科学的殿堂；更多的人，因数学竞赛活动的经历，激扬起不断探索的精神。

冯·卡门指出："根据我所知，目前在国外的匈牙利著名科学家当中，有一半以上都是数学竞赛的优胜者，在美国的匈牙利科学家，如爱德华·泰勒、利奥·西拉德、G.波利亚、冯·诺依曼等几乎都是数学竞赛的优胜者。我衷心希望美国和其他国家都能倡导这种数学竞赛。"据不完全统计，在历届 IMO 的优胜者中，有 8 位获得相当于诺贝尔奖的数学界最高荣誉——菲尔兹奖（Fields Medal），他们是：Gregory Margulis（俄罗斯，1959 年获得 IMO 银牌，1978 年获得菲尔兹奖），Valdimir Drinfeld（乌克兰，1969 年获得 IMO 金牌，1990 年获得菲尔兹奖），Jean-Ghristophe Yoccoz（法国，1974 年获得 IMO 金牌，1994 年获得菲尔兹奖），Richard Borcherds（英国，1977 年获得 IMO 银牌，1978 年获得 IMO 金牌，1998 年获得菲尔兹奖），Timothy Gowers（英国，1981 年获得 IMO 金牌，1998 年获得菲尔兹奖），Laurant Lafforgue（法国，1985 年获得 IMO 金牌，2002 年获得菲尔兹奖），Grigori Perelman（俄罗斯，1982 年获得 IMO 金牌，2006 年获得菲尔兹奖），Terence Tao（陶哲轩，澳大利亚，1986 年、1987 年、1988 年分别获得 IMO 铜牌、银牌、金牌，2006 年获得菲尔兹奖）。

数学竞赛将公平竞争、重在参与的精神引进到青少年的数学学习之中，激发他们的竞争意识，激发他们的上进心和荣誉感，特别是近年来我国中学生在 IMO 中"连续获得团体冠军，个人金牌数也名列前茅，消息传来，全国振奋。我国数学，现在有能人，后继有强手，国内外华人无不欢欣鼓舞"。[①] 这对青少年学好数学无疑是极大的鼓舞和鞭策，将激发青少年学习数学的极大兴趣。

数学竞赛问题具有挑战性，有利于增强学生的好奇心、好胜心，有利于激发学生学习数学的兴趣，有利于调动学生学习的积极性和主动性。正如美国著名数学家 G. 波利亚所言："如果他（指老师）把分配给他的时间都用来让学生操练一些常规运算，那么他就会扼杀他们的兴趣，阻碍他们的智力发展，从而错失他的良机。相反的，如果他用和学生的知识相称的题目来激发他们的好奇心，并用一些鼓励性的问题去帮助他们解答题目，那么他就能培养学生独立思考的兴趣，并教给他们某些方法。"[②]

新颖而有创意的数学竞赛问题使学生有机会享受沉思的乐趣，经历"山重水复疑无路，柳暗花明又一村"的欢乐，"解数学题是意志的教育，当学生在解那些对他来说并不太容易的题目时，他学会了面对挫折且锲而不舍，学会了赞赏微小的进展，学会了等待灵感的到来，学会了当灵感到来后的全力以赴。如果在学校里有机会尝尽为求解而奋斗的喜怒哀乐，那么他的数学教育就在最重要的地方成功了"[③]。在学生遇到困难问题时，帮助他们树立战胜困难的决心，不轻易放弃对问题的解决，鼓励他们坚持下去，这样做可以使学生逐步养成独立钻研的习惯，克服困难的意志和毅力，进而形成锲而不舍的钻研精神和科学态度。可见数学竞赛活动不仅可以激发学生对数学的兴趣，加深学生对数学的理解，而且对发展和完善学生的人格都是有益的。

---

① 中国科学院数学物理学部，王梓坤执笔. 今日数学及其应用. 数学通报，1994（7）.
② G. 波利亚. 怎样解题. 涂泓，等译. 上海：上海科技出版社，2002：序.
③ 同②95.

1980年国际数学教育委员会决定成立 IMO 委员会作为其下设的一个专业委员会，这在组织机构上保证了 IMO 的正常进行，同时也意味着在学术界得到了国际数学教育委员会的确认，即关于数学竞赛的研究是数学教育研究的重要课题。

100 多年数学竞赛的实践，已经为全面进行数学竞赛研究准备了丰富的素材。著名数学家王元院士指出："随着数学竞赛的发展，已逐渐形成一门特殊的数学学科——竞赛数学，也可称为奥林匹克数学"。许多专家学者都在探索、研讨竞赛数学的形成与特征、内容与方法及命题与解题的规律和艺术，进而形成竞赛数学的理论体系。但是，竞赛数学的体系究竟应该怎样，眼下尚无定论，还处在"百花齐放，百家争鸣"的探索阶段。

本书以 IMO 及国内外高层次数学竞赛为背景，以 100 多年来积淀的国内外数学竞赛文献为源泉，以教育科学理论为指导，以笔者多年从事数学竞赛的研究与实践为基础，论述竞赛数学的形成背景；探讨竞赛数学的教育价值；从研究竞赛数学问题与解题入手，归纳出竞赛数学的基本特征；通过深入研究 IMO 及国内外高层次数学竞赛试题，把竞赛数学涉及的内容归为数列、不等式、多项式、函数方程、平面几何、数论、组合数学、组合几何等 8 节，每一节内容包括背景知识、基本问题、方法技巧、概念定理、经典赛题、问题（限于篇幅我们没有给出相应的解答，我们将在适当的时间出版解答），试图对数学竞赛所涉及的内容、方法、技巧作一系统总结和界定，并通过典型的赛题进行阐述。注意题目的来源与推广的讨论，重视新问题的收集与传统解法的优化，反映了国内外数学竞赛命题的最新潮流；以此为基础，研究竞赛数学的命题原则及命题方法；书后的参考文献为读者提供一个进一步学习、研究的线索。

在多年的数学教育研究与实践中,我得到许多前辈和朋友的帮助和关爱。感谢张景中院士引领我走上今天的学术之路;感谢裘宗沪、林六十、冯向东、王杰、庾建设、Andy Liu、孙文先、Murray S. Klamkin、单墫、苏淳、张君达、吴建平、李小平、陈传理、江志、钱展望、汪江松、陈永高、冷岗松、熊斌、余红兵、李胜宏、李伟固、冯祖鸣、梁应德等诸位先生在我业务成长过程中所给予的指导和帮助;感谢付云皓、郑焕等同学在本书编校过程中给予的协助。

在本书的写作过程中,参阅了众多的文献资料,并得到数学教育界前辈和同仁的支持和帮助,得到科学出版社的大力扶持。在此一并表示感谢。对于本书存在的问题,热忱希望读者不吝赐教。

本书可供高中生参加数学竞赛,中学数学教师作数学竞赛辅导、进修,高等师范院校数学教育专业本科生、研究生开设竞赛数学课程,作教材或教学参考书。数学业余爱好者也可以从这本书中找到许多新颖有趣的问题和令人耳目一新的巧妙解题方法。冥思苦想的命题者也许可以从这本书中找到灵感,提出更多新问题为竞赛数学注入新的血液。总之,这本书的对象是广泛的,而不仅仅是局限在参加高水平竞赛的少数学生中。

2009 年 3 月于广州大学

第 2 版前言

六年前本人在编写这本书时,心中有两个目标:一个是向读者阐明竞赛数学(也称奥林匹克数学)这门刚刚成型的学科的特征、内容和方法;另一个是帮助准备参加数学竞赛的学生从盲目的机械训练中解放出来。在此再版之际，这种使命感更加强烈地凸显出来。

20世纪90年代以来，数学竞赛在我国迅速普及，奥数也变成了新市场。由于各种利益团体的介入，批评的声音也随之而来。因此，如果我们不对竞赛数学本身进行总结和说明，终究会被一些一知半解甚至全然不解的人歪曲问题的本质。另外，如果学生不能从整体上把握所学知识的特征，那么他始终不能从盲目的机械训练中解放出来。

与其他数学学科相比，竞赛数学更多关注的是思维方法，而知识内容和法则次之。这一特点足以让许多人对竞赛数学中的问题望而生畏。有些数学优等生即使掌握了竞赛数学中的一些方法技巧，但也只能意会而不能言传。所以，我们只有从学科的角度去整理和呈现竞赛数学的内容和方法，才能让更多人理解数学竞赛、理解竞赛数学。

如果能够从学科的角度去掌握竞赛数学，那么学生就不会觉得竞赛数学中的解题思路来得很突然，令人摸不着头脑；如果能够把握这个学科的方向，那么学生就不会在题海中迷航，而是会用更高的观点去审视纷至沓来的新问题。只有这样才能体现竞赛数学承上启下的价值。

第2版删去了一些问题，补充了近几年出现的新问题，修订了一些论述，增加了2008年以来关于数学竞赛的新数据、新观点和新成果。希望本书的修订版能得到大家的鼓励与批评。

2015年5月于广州市教育研究院

丛游集：让优秀的人培养更优秀的人

3-12

《数学解题策略》前言

第1版前言

本书是笔者多年从事数学奥林匹克活动的产物。我们在研究国内外各项数学竞赛中，特别是训练高中生参加各级数学竞赛包括全国高中数学联赛、中国数学奥林匹克（Chinese Mathematical Olympiad，简称 CMO）、国际数学奥林匹克（International Mathematical Olympiad，简称 IMO）、IMO 中国国家队选拔考试，以及训练 IMO 中国国家队的过程中收集了大量的题目，也发现了许多新颖的问题。[①] 由于忙于各项竞赛，为的是培养和激发学生对数学奥林匹克的兴趣，为 IMO 中国队选拔更优秀的人才，所以一直没有时间把这些资料整理出来。如今，我国的数学奥林匹克已经进入了一个相对稳定的阶段，每年派出的中国代表队都会在 IMO 上获得优异的成绩。现在我们可以有比较多的时间来回顾和总结这些收集到的资料。并且随着数学竞赛的发展，已经形成一个新的数学分支，称之为竞赛数学（或奥林匹克数学）。所以我们也有必要为这个新兴的分支整理更多系统的参考书。

这些题目以怎样的形式呈现给读者比较好呢？如果以问题集

[①] 本书的第一作者朱华伟教授曾经担任 CMO 主试委员会主任，IMO 中国国家队领队；本书的第二作者钱展望先生共辅导 11 名选手入选 IMO 中国国家队，其中 7 名选手获金牌、1 名选手获银牌，1998 年 IMO 中国国家队 6 名选手中有 3 名选手是钱展望先生的高徒，这一年因故中国队没有参赛。

的形式，把问题按知识内容进行分类，通常分为代数、几何、数论、组合等，我们发现有些问题往往同时涉及几块知识，相互交叉，难以细分。同时我们也发现，虽然许多问题属于不同的知识内容，但它们在方法策略上有相同或类似之处。再从解题的角度来看，顺利解决一道数学问题，除了必须具备扎实的学科知识基础，更重要的是要有灵活的方法策略。我们在解题的时候常常碰到这样的情况：在自己百思不解的时候，经过解题高手一点拨，我们的思路豁然开朗，闪电一般解决了问题。这说明我们并不是不熟悉问题涉及的知识内容，而是我们的方法策略不对，跳不出题目（或命题人）设下的圈套。于是，我们决定从解题策略这个角度对问题进行分类。

全书共 25 章，每一章的内容都是相对独立的，每一章讲解一种解题策略，这些策略包括归纳与猜想、数学归纳法、枚举与筛选、分类、从整体上看问题、化归、退中求进、类比与猜想、反证、构造、极端原理、调整、夹逼、数形结合、复数与向量、变量代换、奇偶分析、算两次、对应与配对、递推、抽屉原理、染色、赋值、不变量等，几乎涵盖了数学竞赛中所有的解题策略。每一章的标题下面都有一句富有哲理的名人名言，它是该章所讲解的方法策略的精辟概括，学习完一章的内容后，我们会对那句名言有更深刻的理解和体会。每一章的开头或者是以经典的例子，或者是以形象的生活事例，或者是以对该策略进行简明的描述的方式引入这一章的内容。接着是丰富的例子和详细的解答，还有点评。每一章后面都有大量的习题（限于篇幅我们没有给出相应的解答，我们将在适当的时间出版解答）。第 25 章"问题的引入与背景"从命题的角度来探讨解题的策略，也就是站在更高的角度来考虑解题的策略。如果我们能够弄清命题的原则和题目的背景，就可以"知己知彼，百战不殆"。

每个学习数学的人都希望自己能敏捷而又巧妙地解决各种数学问题。但事实总是让人感到困扰，因为学会解题必须要经过长期的模仿和练习。正如美国著名数学家 G. 波利亚所言："解题是一种实践性技能，就像游泳、滑雪或弹钢琴一样，只能通过模仿和实践解决所有的问题，但是它却能提供给你一些值得效仿的范例和许多实践的机会。你想学会游泳，你就必须下水，你想成为解题的能手，你就必须去解题。"所以，不要指望我们在这本书里能给读者一种万能的解题策略，对所有的题目都可以迎刃而解。这是任何一本关于数学解题的书都不能做到的。我们希望读者通过学习书中介绍的解题策略，可以在解数学问题甚至其他学科的问题时，绝不会脑子一片空白，束手无策，而是可以尝试多种方法来解决同一问题。

在本书的写作过程中，参阅了众多的文献资料，并得到数学教育界前辈和同仁的支持和帮助，得到科学出版社和广州市教育局的大力扶持，在此一并表示感谢。对于本书存在的问题，热忱希望读者不吝赐教。

本书可供高中生参加数学竞赛，中学数学教师作数学竞赛辅导、进修，高等师范院校数学教育专业本科生、研究生开设竞赛数学课程，作教材或教学参考书。数学业余爱好者也可以从这本书中找到许多新颖有趣的问题和令人耳目一新的巧妙解题方法。冥思苦想的命题者也许可以从这本书中找到灵感，提出更多新问题，为奥林匹克数学注入新的血液。总之，这本书的对象应该是广泛的，而不仅仅是局限在参加高水平竞赛的少数学生中。

2009 年 3 月于广州大学

第 2 版前言

《数学解题策略》第 1 版发行至今已经 5 年了，看到有这么多朋友喜欢这本书，心中非常感激。

如果说数学是思维的科学，那么竞赛数学在这一点上显得更加专注。我们刚开始学习数学的某个分支时，往往要先花比较多的时间学习这个分支里的基本概念和定理，但是竞赛数学中的概念和定理主要来自微积分之前的初等数学，所以竞赛数学没有专门去解释概念和定理，而是通过问题阐述方法，利用方法解决问题。

《数学解题策略》之所以能被大家喜欢，大概也正是因为它能够适应竞赛数学的这种特点。这本书从竞赛数学的角度去审视数学竞赛中的解题策略，梳理前人踩踏出来的蹊径。如果大家能从前人的经验中受益，对本书作者来说是无比欣慰的事情。

为了使本书的内容在迅速发展的数学竞赛中不至于落后，本人时常在收集和整理世界各地的数学竞赛试题，如果发现有新颖的题目或方法，就利用再版的机会加上去。当然，数学问题不像技术领域的问题，许多数学问题从提出的那一刻开始就注定成为经典。在岁月的长河中，经典是永恒的。

第 2 版删去了一些问题，补充了近几年出现的新问题，修订了一些论述，增加了 2009 年以来关于数学竞赛的新数据、新观点和新成果，还增加了一节内容 25.4 背景 4——恒等式 $a^3+b^3+c^3-3abc=(a+b+c)(a^2+b^2+c^2-ab-bc-ca)$。希望本书的修订版能得到大家的鼓励与批评。

2015 年 5 月于广州市教育研究院

附　录

附录一

深中新锐成长记

周舒哲：宅兹深中，自兹育人

教师工作的节奏忙忙碌碌，却让人内心充盈与平静

2020 年秋天，我有幸加入深圳中学这个大家庭，以既是学习者又是教育者的身份，参与到深圳中学历史教育建设中来，也想试着从个人视角，帮助对深圳教育有着深深好奇或审视的人群，更好地了解我们这个备受艳羡的"高学历教师群体"，了解这个"不拘一格降人才"的开创性中学经历了什么。

相信许多初来乍到的新老师和我一样，既要着手于新课标、新教材"白手起家"式的备课，又要担负起沉重的班主任责任。说实话，在见 27 班同学第一面的时候，我是有些紧张，也有些茫然的。

思考更多的是，万一学生不喜欢我怎么办？万一某句话讲错，砸了班主任的威信怎么办？同样也有许多学生和家长的问题和求助让我不知所措，有许多事务处理的尺度和分寸还需要拿捏……但是这些萦绕在心头的思考和顾虑在第一天过去之后就烟消云散了。

为什么？

因为太忙了，根本就没有余力去瞻前顾后。我既要设立班级的规章制度和班委组织，又要面对应接不暇的新问题，于是许多事务便在我和班委、家委的推动中自然前行。

到真正停一停，去反思过去几周班主任工作的时候，我发现早就忘记了最初的那些顾虑，也意识到当我们投入真心去对待学生的时候，自然会收获最好的认可。

因为宿舍床位比较紧张，每个班级都有家长在呼吁能否让自己的孩子住到宿舍。我在企业微信群里看到各位班主任一方面理解学校的苦衷，和家长进行深入的沟通，另一方面也对学生抱有深切的同理心，仿佛都是自己的孩子。

而且我看到许多班主任都非常有热情和责任感，在这份工作中投入了自己巨大的能量和温度。某个晚自习我查完班级考勤就打算回宿舍去备课了，路上先后遇到好几位班主任，都问我："你这就回去啦？"让我有些不好意思。

在班级建设的第一个月，是常规和秩序建立的起点。看到这么多志同道合的同伴和我一样勤恳地走在这片灯火通明的寅夜里，会产生一种深切的存在感和使命感，我知道我在做什么，我知道我们一起在往什么方向去。

教师岗位有其光鲜的一面，路过的学生都会尊称一声"老师您好"，家长们更加是以礼相待，但这份尊敬是背后的不懈付出换来的。

教师是一个良心职业，没有特别明显的直系上级和 KPI 压力，备课要备到什么程度，早晚自习是否要到班维持纪律，和学生的沟通以什么方式进行，都是自由度很大的选择。而要面对来往青涩面孔说出的一句句"老师您好"，我只有把所有事情尽到十二分的努力,才能保持住这份心安理得。

学生眼如明镜,他们的尊敬也价值不菲,是要拿你对他们每一个个体的在乎去平衡的。在企业上班只要把手头的工作交代分明就是一个成功的职场人士了,而作为老师,任何一点瑕疵都可能是学生对你产生微词的起点。

今年历史换了新教材,体量非常庞大,往往以前两三节课的任务要在一节课内讲述完成。如何既保持着历史教学的生动性(而不是划重点),又能把知识点一一陈列(讲课不是天马行空的,离题半句就考年级倒数),是我一直在琢磨的问题。

一边晚上熬夜备课,一边白天积极地旁听老教师的授课,学习他们的讲课结构、语言风格、征引史料,"偷窃"他们的段子,在自己的课上才不会张口结舌、手足无措。

博士生阶段的研究只是专攻一点,在通史讲授上还需要花许多的工夫去填补自己知识的空白,在应试技巧上也要不断地去学习高考题型怎么处理,在教育教学上更是有漫长的道路要去探索。

教育的本质是你可以成为什么,而不是你该成为什么

在各种求职面试的时候就谈到,读博是我的一个人生选择,不是工作选择,就如同有的人想在这个年纪 gap year,有人想早早步入家庭和社会,我更希望在人生这个阶段继续去对自己持续的好奇有所回答。

我觉得自己很幸运,时至如今,依然可以拥抱我愿意付出精力和热忱的美好事物。一路筚路蓝缕,搭建更完整的知识架构,抱持更纯粹的人类好奇,没有走向一条笔直的甬道,而是在追寻前面这条路上更多的可能性。

我以为走上讲台的第一天会很紧张,但那一刻到来的时候,突然意识到自己已经为这一刻准备很久了。在本科接收到眼前一亮的观点时会想怎么把它讲述给别人，寒暑假有时会去高中母校自习，在空荡的教室里有些中二地模拟自己是个历史老师般高谈阔论。今天这一切都到眼前来了。

不宁唯是，我希望能给学生提供的，是更广阔世界的空间想象。深中学生勤学好思，总能在课本之外找到新的疑问点，而扎实的学术背景也可以帮助他们规范历史认知，帮助他们对好奇的问题找到探索的思路。

学生在成长阶段是需要可以心向往之的人格榜样，父母和师长是最接近他们，也最能够直接产生影响的权威力量。在高三毕业后返校的升旗仪式上，我曾经顶着"高考状元"的名头和学弟学妹分享经验，当时的报告主题依然记忆清晰——我是每一个你们。

时间过去并不久远，仍然想和校园里众多清澈的脸庞说这句话，不是自矜于取得了多大的成就，而是我依旧乐于继续丰富自己，成为值得学生信赖和超越的那个榜样。

史实了解只是历史教育最底层的要求，家国情怀和辩证思维不可偏废

在来深中实习那天，就和朱校长有过一些沟通，我们需要的是怎样的历史学科？

首先是以史为鉴。人类对以往社会的反思，对未来生活的追寻都立足在对历史的了解之上。星河漫漫，那么多过去的人类有过那么多不同的活法，你要知道你并不孤单。困惑的时候，迷茫的时候，愤怒的时候，你会找到一个和你情绪契合的榜样支点，你也会知道什么是你应对眼前困厄的好用招数。

其次是辩证思维。很多人会对文科生标签化，认为文科生只有浪漫的想象，而没有务实的能力。可历史学习恰恰相反，它的每一个出发点都是需要反复考证的史料实证，它的每一个落脚点也都是逻辑链条下激荡之后的价值判断。它会让一个人变得严谨、踏实、负责、审慎，不会因为一个标签化的名词而兴奋不已，也不会因为一场情绪化的关系绑架而义愤填膺；它甚至会让人变得有一些"胆怯"，对许多问题没有那么笃定，因为我们见到的世界也的确不是非黑即白的，了解的信息越多，就会越平和。

历史其实也是我们这个族群承载的共同记忆。本尼迪克特·安德森说过，"国家"是一个想象出来的共同体，有意识地把这个概念消解了，但每个人都可以吟上一句"明月几时有"不是想象出来的。黄丽松大讲堂里千百人齐声歌唱"一条大河波浪宽"不是想象出来的，我们祖先在这片大陆不同地域经历的共同命运，在同一地域延续的历代悲欢，都是被今天的我们一一继承。

深中的学生都很有方向感，知道自己未来要成为什么样的人，知道自己怎样抵达理想的未来，但同时更重要的是知道自己是谁，知道自己承载的文明厚度和家国使命。

历史课有时候也会枯燥，也会晦涩，也会难以理解，但总有一些光明的时刻让人泫然泪下。起始课的末尾我让同学们齐声朗诵钱穆先生《国史大纲》的开篇："当信任何一国之国民，尤其是自称知识在水平线以上之国民，对其本国已往历史，应该略有所知。所谓对其本国已往历史略有所知者，尤必附随一种对其本国已往历史之温情与敬意。"

这是钱穆抗战时期写作的中国历史教科书，西南联大的学生们在后方的炮火里，在不知道我们民族是否还有明天的灰蒙里，仍然饱含温情和敬意地去学习国史，遥远的想象照进眼前的现实，我也希望我们深中的学子们可以和国史保持这样的亲密关系。

当然，教育教学工作只开展了短短一个学期，如今还只是一个起点，将会有更多的机遇和挑战向我们，向深中展开。希望更多的问号会在对话中变成理解的颔首，而这些颔首也将鼓舞着我们，桃李芬芳。

宋晓钰：要允许有人热爱教育

关于选择

今年已经是我从事教育行业的第四个年头了，自从业以来，我就常常被问到这样一个问题："你为什么会选择成为一名教师？"其实，对于本科修读英语专业、硕士学习教育学专业的我来说，成为一名英语老师是一个再自然不过的选择。当然，选择教师作为我一生的职业，更重要的一个原因是这份职业所能带来的"意义感"。

意义感的缺失是当代人面临的最大困境之一。我们终日忙碌，被工作任务占据了几乎全部的精力，却鲜少能真正回答心底不断对我们发问的声音："这一切到底有什么意义？"对于这样一个终极问题，社会学家说，爱、自我提升和享受工作是意义感的主要组成部分。于我而言，深圳中学的学生、同事和工作内容，就是我生活意义感的来源。不断提升对教育和教学的理解，和一群闪闪发光的灵魂一起学习和进步，能够在一个家庭最需要帮助的时候出自己的一份力，每个崭新的一天都在改变着什么、创造着什么，都让我

切实感觉到我作为一个追求创造性的人的价值在不断地被实现着。

什么人会选择到中学做老师？在我看来，答案不言自明——热爱教育的人。我们这个社会允许有人热爱钻研学术，有人热爱创新技术，也要允许有人热爱教育事业。

关于学生

很多人在说起自己过去的时候，最珍视的两个字无外乎"青春"。高中三年，在校园里与老师和同学朝夕相处，朝着同一个目标拼尽全力，这样的纯粹和投入，构成了我们十六七岁那一段充盈着活力时光最美好的底色。有人说，幸福的童年可以给一个人直面逆境的勇气，而我认为，在高中这样一个对世界最好奇、最有可塑性的阶段，进入一个好的学校、遇到一群好的老师，能决定人在未来几十年面对压力、面对选择时所站立的高度，所秉承的气度和所坚持的态度。

能在这一个阶段给孩子们以一定的影响，能加入深圳中学，我感到很幸运。全校百余门选修课，充分滋养着学生的好奇心，满足着他们不断探索这个世界的欲望。理科老师培养着他们的缜密、实践老师培养着他们的行动力、艺术老师培养着他们的审美力，我作为文科老师，则期待着能培养他们的浪漫主义精神和理想主义情怀。作为班主任，我也希望能启发他们的热情和理性，见证他们成为新一代"智慧、公正、勇敢、节制"的世界公民。

深圳中学致力于建设"中国特色世界一流高中"，作为国际部的一名班主任，我看到了学校给学生提供的丰富的、各个维度的资源，也感慨着幸运的孩子们能够拥有如此多去探索和追求自己所爱的机会。深中的学生无疑是优秀的。我在高一高二年级开设英文阅读和学术读写课程，课堂上他们的项目汇报、学期末上交的读书笔记和书籍海报都完成得非常出色。给他们上课也是一个很好的教学相长的过程，我们的思维在这些典籍中进行碰撞、产生火花，这个过程就足够快乐。

此外，我还分别在国际和高考方向开设了"哲学入门"课程，和学生们一起去探索知识、伦理和美学等这些哲学子学科的有趣问题，也给他们提供看待其他学科的一些不同的视角和方法论。我们都很享受在一起相处和讨论的时光。我想，纯粹的理想主义的求知就是这样吧。我一直很喜欢一首诗《给我未来的孩子》："少年，我们让你接触诗歌、绘画、音乐，是为了让你的心灵填满高尚的情趣。这些高尚的情趣会支撑你的一生，使你在最严酷的冬天也不会忘记玫瑰的芳香。理想会使人出众。"

关于深中

在深中工作，最宝贵的财富是同事和校园氛围。如同我所说，周围的同事有理科的强手，也有文科的大拿，大家都在各自的领域努力耕耘，给学生全方位的培养。最可贵的是，同事们工作都非常勤恳和努力，对面办公室经常到半夜还亮着灯。大家都认为进入事业单位会比较轻松，但是深圳中学的老师们都用自己的付出深刻地诠释着什么是热爱的力量。当我问起一位清华大学博士后物理老师累不累时，他回答我说："当初做科研的时候都是这样的。"我想，做高中生的老师，也需要这种冲劲，这种坚持。

还必须要提到的是深中的工作氛围。朱校长说，老师要多跟学生在一起相处，多花时间钻研教学。因此，在深中，工作的内容很单纯，环境也宽松。这学期我常到新投入使用的图书馆，漫步其间，感觉自己还身处大学校园。在图书馆里备课、批改作业，感觉心情很平静，也很踏实。我想深中就是这样一个地方，一个能让人静心思考、不断成长的地方。

关于教育

近来大家喜欢热议什么人在做教育。但在我看来，更重要的问题是在什么地方做教育、做什么样的教育。几千年来，人类社会的科技已经出现了翻天覆地的变化，但是我们课堂组织形式却没有发生颠覆性的改变。其实更多的人才进入教育行业也是时代发展的必然结果，我们不妨用发展的眼光、创新的眼光去看待这一议题。

自古以来，教育问题就是思想家、哲学家们都会讨论的一个话题。所有的社会问题，归根结底就是教育问题。哈佛教育学院的门口有这样一句话"Learn to change the world"（学习去改变这个世界）。我对这句话的理解是，我们希望这个世界是什么样，就要努力把我们的学生培养成什么样。愿他们能以柏拉图为友，以亚里士多德为友，更要以真理为友。我们也要和他们一样，不断学习，努力 make the world a better place。

张佩值：逐梦·筑梦·助梦

2018年秋，我告别了北国的燕园，来到了南国的凤凰木下。从一座充满梦想的象牙塔走进了另一座梦想待撷的象牙塔。

不可思议的是，这座院子并不让我陌生，反而让我觉得我仍置身在北国燕园。

深圳中学争做世界一流，立志于打造"资优生孵化器"，这份宏韬伟略与

"追求卓越、敢为人先"的北大精神不谋而合。

深圳中学学术自由、多元碰撞,"美美与共、成人之美"的育人理念也和北大的"兼容并包,思想自由"有异曲同工之妙。

疫情期间,深中率先开展线上教学,并将所有资源面向社会公众开放,"共享深中"的胸怀充分展现了名校的担当,这也与北大勇于承载使命、引领时代潮流、铁肩担道义的性格颇为相似。

深中与我国一流学府文化衔接之紧密、精神高度之契合、培养目标之一致,让我觉得,我好像从未离开过理想的精神圣殿;来到深中两年多,我也越发觉得这座园子果真没有让我失望。

我很快融入深中的文化和生活中,也很快完成了身份转变。作为一名科任老师,担任过两年班主任,我意识到自己身上的担子之重,责任之大。

因为,我肩上扛起的不再只有我一个人的梦想,还有很多莘莘学子的梦想。梦想的重量也从 1 人份变成了 $1+n$ 份,而我这个"逐梦人"也变成了为更多"逐梦人"筑建梦想的"助梦人"。

我常常思考:我该怎样做,才能不辜负学子们投来的期待,才能助力他们成长成才呢?

我很赞同"让优秀的人培养更优秀的人"这个理念,这是一种很高远的格局。这让我想起了我的祖师爷、"中国稀土之父"——徐光宪先生。

徐先生不仅是一位知识分子、科学家,更是一位德高望重的教育者。徐先生曾为祖国的发展需要,四次更改科研方向。后来,徐先生投身稀土研究领域,为了不让我国的稀土资源低价流失,他曾早出晚归、整日泡在实验室里研究他提出的"串级萃取分离稀土技术"。

"吃饭的时候才发现嘴里没有戴牙套",徐先生用身体力行诠释着什么是爱国奉献的精神，什么是爱岗敬业的品质，什么是传道授业的师德。

在他人品的影响下、言行的感染下，培养出了包括我导师在内的多位院士，这些老师们也分别在稀土方向的各个领域有所建树，也在继续潜移默化地影响着更多的学子。以优培优，开枝散叶，这就是教育的力量。

曾看到过一些人的求学之路坎坷难行，与之相比，我的求学之路顺利太多了，我想应该是我遇到了太多的好老师吧，他们教我知识、育我做人、守我护我。所以，我也因此想清楚了一些事，赠人玫瑰、成人之美大抵就是我认为的个人价值。

教育是潜移默化的，知识的传授、品性的传播、精神的传承，都在一颦一笑间、一字一句中渗透。有人很疑惑，一个博士教高中生，会有什么与众不同或者优势？北大教会我博学而广识，所以我希望我的课堂会比传统课堂多一点视野拓展。

比如有一年恰逢诺贝尔化学奖出炉，我就在课堂上分享了获奖者的科研经历，让学生感受到了化学大家对科研的热忱和他们表现出的社会责任。还顺势讲解了锂离子电池及其工作原理，让学生了解前沿科技。虽然那时的学生们好像没有听出太多门道，但至少记住了"足够好"老先生的名字，这已经比一些人多了一些见识。多出的这一点见识看似不起眼，但一份见识就播种下了一颗兴趣和希望的种子，或许有一天，不经意间它就会发芽生长，而后硕果累累。

再如疫情期间，我在课堂上分享了新冠病毒的传播过程、如何用化学手段防护及其原理，这让我们的学科学习一下子就走近了生活，让学科知识一下子变得更真实、更有触感。学生们也会在这样的体验中明白学以致用，感受到知识的魅力。

附 录

　　我也很想让学生们体验到"最痛快的是求师"这种感觉。在北大，无论你是否选了这个老师的课，是否是他的学生，当你带着困惑去找他，他一定会倾囊相授。所以，只要我还没有休息，只要我看到了微信窗口弹出学生们提出的问题，我都会不厌其烦地予以解答。当看到孩子们发过来的"我懂了"的幸福表情时，我会非常开心，非常有成就感。这时我也会发给他们"优秀""你真棒"的表情予以肯定，因为他们是真的很棒。

　　作为班主任的两年，我越发觉得德育工作其实很像是在写哲理散文。开头的小故事看起来总是那么平凡，但是经过笔者的充分挖掘和论述，我们总能发现不一样的视角，发人深省。

　　我总在想，平凡的琐事都能孕育出哲理，那这些意气风发的深中学子当然都要配上更精彩的篇章。所以，就像不放过任何一个能引出主题的小故事一样，我也不想放弃任何一个学生。那一次，我曾对迷途的他说："我不想放弃你，也从未放弃你，你愿不愿意完成我一个心愿，就让我看看我的眼光有没有错？"善良的他不愿为自己努力，但愿意为我的心愿付诸一试，那一刻我感动到了。不用想，最后的结果当然是令人满意和欣喜的。

　　当看到他接过"进步奖"难掩喜悦的神情时，我忽然想明白了一个人的价值所在，那一刻我真的十分满足，也默默祝福着，希望"不放弃"的精神品质能从此根植在他内心。

　　在我看来，一篇美文不在于辞藻多么华丽，更重要的是字句间传递的情感和态度。这启发我意识到学生的发展也不应该仅关注外在表现，我更关注学生的内心是否阳光、健康，是否向善、向上。有一次班级的学生们自发组织了节日互送礼物活动，但因为赠送的规则不是一对一，所以我预料到很有可能出现有同学收不到礼物的情况。

果不其然，当活动快收尾的时候，我看到有一位同学神情黯然，手足无措。我赶紧去办公室拿来了一些小零食，悄悄塞到她的手中，并说了一句"还有我爱你呀！"

我是个不太喜欢如此直抒胸臆的人，但当下真的是太自然流露了，我也被自己震惊到了。为了不让其他同学察觉到这位同学的特别，我也顺势把小零食给了其他很多学生。

自这件事之后，她每每见到我都暖心一笑。我知道她内心的爱意没有泯灭，这就是最大的收获。这珍而重之的品质被我坚守住了，我也小感成就。

老师和学生的关系其实真的就是相互成就。并不只有老师不知疲倦，涓涓细流般输出，学生们的成长成才、暖心话语也算是一种心灵反哺。

犹记得去年，我曾因为处理各种琐事身心俱疲。有老师关心我，让我去放松放松心情，释放释放压力，我笑着说："没事儿，我回我的班上汲取一些爱意，就能活过来了。"可能小二班自己也不知道吧，他们曾是我避风的港湾，是我心灵的慰藉，所以我才在高二结束的那一晚哭泣着歉疚地说："很抱歉，我的事务有点多，没能像其他班主任那样，把我所有的精力都留给你们。"因为只有我自己才知道，我从他们那里获得的更多更多。

现在在高三，生活变得着实纯粹了，也让我更看清了一些东西：谁筑谁的梦，谁助谁的梦，是你我都在逐梦吧！

谨以此作，祝福我教过的、没教过的所有的深中学子们都能成长成才，好梦常圆！！

刘子豪：青春在深中闪光

"化"海无涯，兴趣为伴

我与化学的不解之缘始于初中。化学中丰富多彩的变化和神奇的化学反应让我对这门学科充满好奇。

在学习完初中的知识后，我跑去书店寻找化学相关的书，一本《全国初中化学竞赛》吸引了我。我把那本书买回家，花了一个暑假的时间津津有味地做完了。

到了高中，我如愿进入化学竞赛班，在恩师的严格要求和指导下，在化学竞赛领域不断钻研，进入吉林省省队，最终凭借优异的理论成绩被保送到北京大学。

深 / 中 / 新 / 锐

刘子豪

化学竞赛教练

SHEN ZHEN

个人介绍

北京大学化学与分子工程学院本科、博士；北京大学优秀班主任；北京大学优秀毕业生；现任深圳中学化学竞赛主教练。

教学理念

学高为师，身正为范

未名湖畔，志定教育

在研二时，我向学院申请担任化院2016级本科三班的班主任。

我清楚地记得在开学时，我班上的新同学从天南海北汇聚到北大时的情形：有的人从容不迫，他们因为进入过国家集训队，早与其他同学相识；有的人目光坚定，规划清晰，他们早在高中阶段就见多识广，很清楚自己要做什么；当然更多的人是心怀憧憬却又迷茫，因为他们的家长和高中老师告诉他们努力学习，好好高考，将来考上好大学，一切问题就都解决了，但并不会告诉他们考上大学之后会怎么样。

在随后的一段时间里，我花了很多时间，与班上每位同学谈心，了解他们的经历，发现他们身上的闪光点，帮助他们更快速地找到自己的目标，进而度过迷茫阶段。

在班级建设上，我发挥班上同学的智慧，为班级开设公众号，建设资料网盘，请老师和高年级的同学做经验分享，我们还获得了北京大学最高集体荣誉——"五四"奖杯。

能够帮助这些优秀的同学变得更加优秀，这使我很有成就感。在两年班主任任期结束之后，我申请继续担任年级主任助理，协助管理全年级的事务直至毕业，在这期间我也慢慢地成为他们的朋友。

当然，有的时候我也会遇到无能为力的情况，有些同学往往是在中学阶段就已经埋下了"问题的种子"，等到大学时再去改变为时已晚。

中学是培养人的关键阶段，教师可以在他们成长过程中给予正确的引导，为他们播下阳光的种子。

凤凰木下，追逐梦想

2020年的9月，我加入了深中，成为一名化学竞赛教练。在这期间，我经常问自己：怎样才能成为一名合格的老师？如何才能在学生心中播下阳光的种子？通过竞赛需要培养学生哪些能力？

竞赛本身是以一定学科知识作为背景的"思维体操"，然而竞赛教育却不能仅仅对思维进行"体操训练"，而更应进行全身的"体操训练"。

这要求老师不仅要培养学生良好的学习习惯、扎实的学科知识以及对学科持久的好奇心，还要拓宽学生的视野，培养学生的批判性思维和人文素养。

学生综合素质的培养与应试能力需要兼顾，这需要我在实践中探索其中的"平衡"。

在教学上，化学组的前辈和新同事们帮助了我很多。在他们的指导和帮助下，我从"站上讲台"逐渐向"站稳讲台"努力。

课堂上，我不断践行着自己的教育理念，给这群聪明可爱的学生上课是一天中最幸福的时刻。

"学高为师，身正为范"，教好学生需要自身水平过硬，因此我与学生比赛解题，思考更科学、更有普适性的解题方法；我还将自己所看的前沿文献消化理解，转化成竞赛题目或者专题研讨的形式出给学生，与学生共同讨论前沿科学问题，开阔学生的视野。

虽然有时他们也非常顽皮，经常把我气得"吐血"，但是在与学生斗智斗勇的过程中，我与学生共同获得了成长。

教育是一项伟大而又神圣的事业。教育也是科学研究，相比实验室研究，教育的研究对象由物换成了人，用认真严谨的科研态度对待教育，定会在未来开花结果！

袁月：用一代青春感染另一代青春

2021年秋，我结束了在北国清华园里的学生时光，正式开启了在南国深圳中学的教师生涯。依然清晰记得落地深圳入职深中的那天是"七夕"，自此，我便开启了一段对深中的漫长的告白。

教师情怀

还记得2020年秋季的招聘会，我唯一投递了简历的职业是教师。作为一位清华大学博士，当时难免听到很多不解和质疑的声音，但是我选择当老师的初心却从未被撼动过。如今三年已经过去，我很庆

幸自己如愿成为一名老师，也很感谢当初那个坚定选择的自己。

起初，我也会常常问自己：为什么想要当老师？是小学时常常在讲台上为同学们讲题而埋下的种子，还是中学时课间为同学们答疑的惯性，抑或大学当助教期间对新教学形式探索的延续？对于这个问题的答案，我也理不出个头绪。但是一直以来，教室里的三尺讲台好像对我有一种特殊的魔力，站上去就仿佛触动到了兴奋神经一样，整个人都充满了活力。

从教三年，每一次上课进班，我都有种跃跃欲试、兴奋不已的感觉，就像是期待要验证自己备课时预期的教学效果究竟能不能实现，也更期待在这堂课上同学们又会提出怎样的问题和新思路，从而引发怎样的探讨。常常听人说，教师这个职业因为重复性太高而容易让人倦怠，但是有交流、有互动、以学生为主体的课堂又怎么会重复呢？

我觉得自己适合当老师不仅仅是因为喜欢讲课，更重要的是我对当班主任有着发自内心的热情。可能是因为自己当学生的年头太长了，自认为对身为学生这件事积累了相当多的经验，所以我很想把我这一路成长过程中收获的经验、总结的教训分享给我的学生。做班主任的初心很简单，就是给他们一些正面的影响，哪怕只有一点点，哪怕只有一个学生受到鼓舞，我也觉得值得。

第一年新生见面会上，我以"逆袭"为主题给他们分享了我一路成长的经历。我深知大道理永远没有讲故事鲜活，而我自己的经历足以成为打动他人的故事。这次班会出乎我意料的是，在讲自己的故事时，我竟然会被自己感动，当时内心莫名不已。过了几个月，班上的学生和我越来越熟络，闲聊时一位同学突然说到那次见面会，她说："老师，我当时听得眼泪在眼圈打转了。"原来被感动和激励的不只有我自己。平时给学生上班会课，我也尽量挖掘身边的一切人和事物的资源，只希望能够让他们更好地感受到我想表达的和传递的东西。我想，是鲜活的经历和实践让道理因此而富有生命力。

　　一直以来，我希望培养出的学生是有理想、有热爱、有扎实的学识、有优秀的品行、有坚韧的性格、有更多的自我探索和自我认知。而我深知老师唯有如此，才能在举手投足、日常交流中给他们带来潜移默化的影响。最好的教育者，也是最好的人，就是自己一直在变得更好的人。我很高兴能和我的学生们一起进步，我在为成为自己心中最好的老师而努力，愿你们也在为成为自己心中最好的人而加油！

　　老师的心里种着一亩田，满怀期待地播下种子，用热忱与爱去灌溉，待看到学生开出成长之花时，这亩心田也会被富足与美好滋养。我的这亩心田感受到了太多来自学生们的爱与祝福：我的小拾肆天使们，我的小贰班"卷王"们，我的小贰壹才子才女们，以及我所有教过的学生们……谢谢你们带给我的美好，让我感觉自己是一位如此幸运的老师！

| 从游集：让优秀的人培养更优秀的人

跨省远程同步课程

从 2023 年起，我开始担任深圳中学跨省远程同步课堂的主讲老师。秉持教育的初心和情怀，深圳中学从 2017 年开始，积极参与国家乡村振兴重点帮扶县教育人才"组团式"帮扶工作，除了向帮扶地区派遣教学骨干和管理干部，从 2023 年开始，深中利用互联网技术，联合华为公司，为帮扶学校提供远程同步"云课堂"——2023 年 3 月，开启深贵两地远程同步课堂；2023 年 9 月 4 日，开启深喀贵三地远程同步课堂。远程同步课堂，顾名思义就是指三地学生同上一节课，深中学生线下上课，另外两地学生则通过云直播和云互动的方式进行网络上课。上课频率为每周三节课，讲课任务全部由深中老师承担。除了每周三节的同步课之外，三个班级的物理任课教师每周会定期进行集体教研，共同研讨下一周的教学内容，并进行资源共享。

作为远程同步课堂的主讲老师，我深知自己肩负的责任与使命，唯有全心全力地对待与付出，才不会让无数为远程同步课堂顺利开展辛苦付出的各级领导、各地学校、各位老师的努力付诸东流。

远程同步课堂开课仪式

在远程同步课堂全体师生的共同努力下，我们的教学取得了一定的成果。两地线上上课的班级在学期考试中均取得了同层次物理均分年级第一的好成绩，优秀率也领先其他班级。除了成绩单上的反馈之外，我更看重两地学生对云端课的真实感受，所以我做了一份面向两地线上学生的调查问卷，下面的图片中展示了问卷的题目和结果：

| 从游集：让优秀的人培养更优秀的人

远程同步课程效果问卷调查（来自新疆喀什上课班同学）

1、你觉得远程同步课堂对你的物理学习是否有帮助？并说明原因。		
	李玉妍	有帮助，虽然是远程的物理课但是在上课时就感觉自己和他们就是在同一个教室里上课，老师非常亲切，上课非常认真，讲解也非常详细，有助于我们学习物理
	穆萨依地艾力·阿布丽西库尔	有帮助，有助于让我更好的理解知识点
	姑丽加米拉·艾合买提	有 更加激发我的兴趣，能跟上远程同步课堂的节奏
	王聪	是 加深概念理解，掌握全新思维方式
	乃菲赛	有的，老师讲的简单明了，再加上堂练习，效率高
	海迪切	是 能更好的拓展课外知识
	王敏悄	有，为我们进行拔高
	董丽海	有，知识点更难更好
	麦迪努尔·阿布萃卡德尔	有帮助，我的做题速度有所提高
	娜迪热·木塔力甫	可以为我解答很多不懂的问题
	吐逊古·吾拉寨	有帮助，让优秀的人给我们讲课，受益匪浅
	米尔扎依提江	有，发现了与内地同学们的差异
	李俊铖	有，老师上课很有趣，讲的简单易懂
贵州学校为纸质问卷均表示有帮助		**58/59** 表明有帮助

远程同步课程效果问卷调查（来自59位新疆喀什上课班同学）

2、你觉得课堂难度对你来说是否合适？概念讲解过后是否能够听懂？

54/59 表示难度合适

　　通过这样的问卷调查，我们不仅了解到了学生对线上课的整体感受，也找到了我们需要重点关注和帮助的学生。虽然线上上课学生整体反馈良好，但作为老师，为了更好地缩小不同地区学生接受程度的差距，我们也不断摸索和调整授课形式。其中一个调整就是作为主讲老师，我提前把课件发给线上上课的学生进行预习，以便学生能更好地跟上课堂。

　　通过问卷调查第3个问题的反馈，我们发现这样的调整措施是切实有效的，这也让我们对课程的顺利进行有了更大的信心。而部分学生在第4个开放性问题中的回答不仅给予我们信心，也指明了线上课接下来需要继续调整和改善的方向。相信在师生的共同配合和努力下,远程同步课堂一定会取得更好的教学成果!

朱华伟校长在《从〈觉醒年代〉谈"校之大者"》中提道,"身为一名深中教师,我们也要不断提高思想站位,要有超脱一般学校老师的格局,心中存'大我',立大志、有远见,忠于职守、甘于奉献,努力培养出为国家、为民族、为人类做出卓越贡献的栋梁之材"。我也因此对远程同步课堂有了一份更美好的愿景:

希望我们能够实现更大范围的教育帮扶,能够有更多像深中这样优质的教育资源通过各种方式走进偏远地区。我相信这也是很多偏远地区学生的心声。深中已经打响了线上帮扶的"第一枪",希望我们能够在不断摸索中继续前进,成为示范型帮扶案例,为其他学校提供和分享经验,使教育帮扶不止发生在深中。

在深中三年的成长远远超乎我的预期,这份成长离不开深中"追求卓越、敢为人先"的精神引领,离不开深中"美美与共、成人之美"的文化熏陶,离不开物理科组老教师们的倾囊相授和新教师间的互助共勉,离不开深中家长们给予的支持与肯定,离不开亲爱的学生们给予的爱和鼓励……

我将带着过往三年的美好记忆,在深中继续书写新篇章。

附录二

向朱华伟致敬

各位读者朋友们，大家一定老早就知道了武汉的一件大喜事——武汉代表队从北京队手里夺回了"华罗庚金杯"！

因为我在 5 月初就离开了武汉，所以知道这个喜讯最迟，可也格外兴奋！

武汉代表队能够在"第五届华罗庚金杯少年数学赛"中，以压倒性优势拿到三块金牌、一块银牌，取得团体总分第一的好成绩，朱华伟先生应居首功，这是"武汉人"必须知道的。

根据新华社 5 月 10 日的报道，参加这次比赛的，仅是我国就有 86 个大中城市的代表队，外加日本和韩国等外国队伍，因此，武汉代表队的辉煌成就也就更加难能可贵了。

但是，胜利得来不易。据我所知，朱华伟老师早在第四届输给北京队之后，就开始广泛搜集国内外各种风格的训练资料，取百家之长，补自己之短，废寝忘食，全心全力投入，编好了大量的训练试题，并且针对本届选手的特点和国内外 MO（数学奥林匹克，也就是"数学世界运动会"）命题的最新趋势，制订了"切实可行、利于实战"的训练方案。

最近，从我的五弟祝融教授的来信中，进一步了解了朱华伟老师的"千辛万苦"。

原来，从去年（1994 年）12 月初在北京出席了第五届"华杯赛"的预备会之后，直到今年 5 月亲眼看到武汉代表队拿到金杯，华伟才算喘了口气而"享受到第一个周末假日"！

由于长期的劳心劳力，华伟"以致手口腔溃烂、心悸气短、肝火上升、脾胃不和……"

还有，为了武汉夺得这一座金杯，朱华伟先生放弃了应聘到国外执教的良机，这种无私奉献而且仁至义尽，甚至于"鞠躬尽瘁"的精神，实在令人既感动又敬佩！

回忆当年武汉市委诸公慧眼独具，授予朱华伟"特级教师"荣衔，真是高瞻远瞩、用人唯才的杰作。

最后，我想提一件往事。有一年夏天，我应邀赴美国出席一个国际学术会议，当我从台湾桃园机场飞经日本东京的成田国际机场转机时，邂逅华罗庚先生，畅谈约半小时之久。能与一代大师有一面之缘，令人一生难忘！

今天他的国人正在追随他、效法他，并且以比赛的方式提升中国数学水平的时候，华老的确可以含笑九泉了！

——作者：（台湾）老康，1995年6月15日草于台湾大屯山脚之"逆风书廊"复健中。

原载于《长江日报》2009年7月3日。

附录三

全国 34 名数学尖子武汉集训

昨日，全国 34 名中学数学尖子来到武钢三中，参加第 50 届国际数学奥林匹克中国国家集训队，其中成都的一对双胞胎双双入选。

据了解，这次集训结束后将选出 6 名选手，组成国家队出征 7 月在德国举行的第 50 届国际数学奥林匹克竞赛。

这是我省中学首次承办该赛事国家集训队的集训。本届国际数学奥林匹克中国代表队领队朱华伟介绍："今年将国家集训队的集训安排到武钢三中，是因为该校是全国获金牌数最多的学校，一共 9 枚。"

本届奥数国家集训队中，来自成都七中的黄骄阳和黄政宇是一对双胞胎。兄弟俩同时入选国家集训队，这在我国参加国际奥数竞赛以来还是第一次。

今年读高二的黄骄阳和黄政宇，已经两次参加全国高中数学联赛，2007 年两人均获一等奖，去年兄弟俩分获一、二等奖。

黄骄阳昨日告诉记者，他和弟弟读小学时从来没有到社会上的培训机构学习奥数，小学五年级时，学校组织奥数兴趣班，兄弟俩就一起参加了。"五年级之前，我们都不知道什么叫奥数。后来一直学下去，也就是一种爱好。"

弟弟黄政宇说，解数学题、看与数学有关的书籍，是他和哥哥的业余爱好，平时做与课本无关的奥数题，也都是写完其他作业之后做着玩，没把它当作是一种负担。

兄弟俩现在的年级排名 50 名左右，其他科目的成绩并不差，也没有偏科现象。黄政宇还告诉记者："以后不一定把数学作为专业，我认为它只是一种工具。"

10 万人初选　6 个人胜出

我国每年有 10 万人参加全国高中数学联赛，共产生 1 000 名至 1 200 名一等奖。

从联赛中选拔出来的 180 名成绩优异的学生，有资格参加由中国数学会主办的中国数学奥林匹克暨全国中学生数学冬令营。

今年国家集训队的 34 名队员，则是从冬令营选手中产生的。

国家集训队再选出国家队选手，出征国际竞赛，今年为 6 人。

我国 1986 年正式参加国际奥数竞赛，20 多年来共获得 132 枚奖牌，其中金牌 101 枚。

领队揭秘奥数集训，18 天要考试 8 次

34 名正式队员，173 名旁听生……昨日，来自全国各地的中学"数学尖子"在武钢三中正式开始集训和学习。

国际奥数国家集训队是如何开展集训的？记者昨日到武钢三中探营。

中国数学奥委会委员、中国代表队领队朱华伟介绍，在武汉集训的 18 天时间，34 名队员将参加 8 次考试。"前六次是小考，考试时间为上午 8 时至 12 时，占总成绩的 50%。后两次为大考，完全按照国际奥数的竞赛时间，从上午 8 时考到 12 时 30 分，这两次的成绩也占 50%。"

为了让队员们劳逸结合，集训队安排他们考两天，休息两天，并将组织他们参加武汉一日游。

集训期间，中国数学奥林匹克委员会还将安排几名委员进行数学讲座，他们大都是大学的博导，也是奥数的教练。今年，国际奥数美国国家集训队领队冯祖鸣也将到武钢三中开展讲座。

朱华伟说："来自全国的 173 名旁听生是明年参赛的'后备队'，他们必须听讲座，正式队员可以有选择地听。"

据了解，在考试以外的时间，教练们将有针对性地为队员进行辅导。队员们也可以自己做练习，或与其他队员交流。

记者昨日在武钢三中看到，上午的开幕式结束后，不少队员已经开始了自习和交流。

最小选手 12 岁，集训后参加中考

12 岁的陈鳞是本届国际奥数中国国家集训队年龄最小的孩子，现在还在人大附中读初三。

陈鳞昨日告诉记者，他 4 岁时就被父母送进了小学。尽管比其他孩子早上两年学，小陈鳞看上去却比较成熟。他说："上幼儿园学加减法时，我对数学就产生了兴趣。上学后，我在课余时间喜欢做各种数学题，看一些和数学有关的书籍。"

除了数学以外，陈鳞对历史、地理等也很感兴趣，其他学科的成绩比较均衡。他认为学奥数并不影响其他学科的学习，现在，他的成绩在全年级前 10 名。

陈鳞说："参加完集训后，我还要回学校复习，准备参加中考。这次进集训队是一个很好的学习机会，我希望能和哥哥姐姐们多交流。"

高三女选手：我爸劝我多读文学

本届国际奥数中国国家集训队的 34 名队员中，有 4 名是女生。一名不愿透露姓名的高三女生说，一些家长知道她数学好，竟然找到她父母，希望她给自己的孩子做家教。

这名来自广州的女生告诉记者,她对奥数产生兴趣是在小学三年级时。"父母一位朋友的孩子比我大4岁,这个大哥哥数学很好,他经常把自己学奥数的书拿来给我看,我就试着做里面的题目,慢慢就有兴趣了。"

广州女孩表示,从小到大,她都是在学校的兴趣班学习,没有额外参加社会培训,父母也从来没有逼过自己。"我爸爸倒是常劝我,多读点文学作品,拓宽一下视野。"

因为数学成绩好,经常有熟人找她父母,希望她给自己孩子当家教,都被她拒绝了。"现在广州一些所谓的奥数班,就是让二年级孩子学三年级的课程,这哪里是奥数呢?"这位女生认为,学奥数还是要看孩子的兴趣和特长,家长从各方面引导是应该的,但没必要强迫孩子学。

每年千余名选手获保送资格

权威专家:这并非奥数办赛初衷

"学生参加数学奥林匹克竞赛,主要还是看孩子的兴趣,是否学有余力。把奥数成绩与升学挂钩不是我们办赛的初衷。"昨日,中国数学奥林匹克委员会专家表示,现在我国从小学甚至幼儿园就开始的奥数热"走偏了"。

奥赛偏离原来的方向

中国数学奥林匹克委员会主席、北京大学教授王杰昨日介绍,一直以来,我国这项赛事都是为那些学有余力、学有兴趣的孩子开办的,而且是课外活动,主要目的是发掘他们的数学潜力。但近几年,数学和其他学科一样,"奥赛热"愈演愈烈,偏离了原来的方向。

据了解,过去奥数成绩与高中升学没有直接挂钩。2001年,教育部规定，在全国高中数学联赛中获一等奖的学生可获得保送资格，从联赛中选拔出来的优秀选手，则有资格参加中国数学奥林匹克（暨全国中学生数学冬令营）。

目前，我国每年有 10 万名中学生参加中国数学奥林匹克竞赛，有 1 000 至 1 200 人获得一等奖，并具备保送重点大学的资格。

奥赛中数学最热

专家们认为，正是这种刚性的政策，为"奥数热"不断加温。

中国数学奥林匹克委员会副主席吴建平介绍，在 5 个学科的中学奥林匹克竞赛中，数学最热，因为数学的学习时间最长。许多家长不顾孩子的兴趣爱好，在他们很小的时候就不惜花钱花时间，把他们送进培训班。他说："我曾在一些幼儿园里看到小学奥数班的招收广告，就觉得奇怪，在幼儿园里能教什么奥数呢？"

学奥数也需要天分

吴建平认为，奥数是针对在学习上"吃不饱"的学生，孩子是否适合学习，一定要尊重其兴趣。此外，学奥数除了勤奋，也需要天分。

朱华伟则表示，奥数对一些学有余力的学生来说是一种"副食"，不能当"主食"吃。他说："数学竞赛有一定普及面，但决不能'全学奥数'，现在的'奥数热'该降降温了。"

——撰文：记者黄征，通讯员林中卉，照片鄢玉红摄。

原载于《长江日报》2009 年 3 月 17 日。

| 从游集：让优秀的人培养更优秀的人

附录四

朱华伟率奥数国家队出征不来梅

4日，6名国际数学奥赛国家队队员结束在汉18天的集训，赴京短暂休整后，13日将飞赴德国不来梅，参加在那里举行的第50届国际数学奥赛。

第50届国际数学奥林匹克中国国家队领队、主教练朱华伟昨日介绍，比赛在15日、16日的两个上午进行，分别用时4个半小时。

从左到右：朱华伟、赵彦霖、黄骄阳、韦东奕、郑凡、林博

曾长期在武汉指导奥数竞赛的朱华伟，现任广州大学计算机教育软件研究所所长。

本届国家队的6名队员分别是：来自北京人大附中的林博、

山东师大附中的韦东奕、上海中学的郑凡、四川成都七中的黄骄阳、浙江乐清乐成公立寄宿学校的郑志伟、吉林长春东北师大附中的赵彦霖。

他们在武汉二中集训基地除上课外，有 10 天模拟考试。来自全国高校、科研机构的 6 名奥数专家每人出两套试题供队员模拟训练，效果不错。

朱华伟说，目前集训已达到预期目标，队员状态良好。在北京休整期间队员将登长城、游颐和园，把精神调整到最佳状态。在德国不来梅，21 日可知比赛成绩。

对话朱华伟

学奥数需要天赋

长江日报：奥数近年"高烧"不退，社会和媒体有很多质疑的声音，有的称其对青少年的危害甚于"黄赌毒"，您怎么看？

朱华伟：现在媒体上所说的"奥数"，实际上多指小学数学竞赛。一些学校为区分尖子生，将数学竞赛成绩与升学挂钩，导致奥数培训大爆。

长江日报：那么奥数的本来面貌究竟是什么？

朱华伟：数学是重要的基础学科，真正意义上的奥数是奥林匹克数学的简称，应该是围绕国际数学奥林匹克命题与解题而形成的一门学科，它的学习对象主要是中学生。

国内外 100 多年的实践证明，奥数有利于发掘学生潜能，也利于选拔、发现优秀人才。

现状与奥数本来的目的有偏差，大面积的与升学挂钩，奥数本身没有责任。奥数从本质上看是一项智力活动。

长江日报：什么样的学生适合学奥数呢？

朱华伟：一是对各门学科学有余力，二是对数学有兴趣。但现在不少家长只是把学奥数、拿竞赛名次作为升学的敲门砖，很少考虑孩子是否真的喜欢数学。对于不同的学生，一定要分层辅导，一窝蜂搞奥数实在没必要，也不可行。

长江日报：学奥数应抱有什么样的心态？

朱华伟：学习奥数要有一定的数学天赋，和弹钢琴要有音乐天赋是一样的道理。可以把学习奥数当作益智游戏、开发智力。比如乒乓球是我国的国球，但对于大多数人来说，打乒乓球只是因为兴趣爱好，不可能要求打乒乓球的人都要拿世界冠军。

长江日报：如何看待本次参加国际奥赛的6名队员？

朱华伟：不可否认，他们在数学思维和智力方面确实强于普通人，仅就数学解题能力而言，他们已经超过了数学专业大部分硕士研究生的水平。但中学阶段只是一生的一个起步，即使是拿到国际数学奥林匹克金牌还需要继续努力。每个人都有自己的舞台，不可能每个人都成为全才，但每个人都应该有自己的特长，在自己喜欢的领域尽情发展。

专访朱华伟

人生最好时光在武汉

"我在武汉求学、工作的时间加起来有15年，从30岁到45岁，人生最好的时光在武汉。"

朱华伟昨日说，武汉的基础教育好，武汉培养了我，作为主教练，我选择把第50届国际数学奥赛中国队队员选拔和集训放在武汉。

时间回溯到1979年，当年在家乡河南省汝南县读师范一年级的朱华伟，考得全校数学竞赛第一名。

1989 年考入湖北大学数学系，朱华伟与国际数学奥林匹克"接上轨"。

1992 年，读硕士研究生的他，入选第 33 届国际数学奥赛中国国家队教练。

昨日下午简短的采访中，朱华伟给人印象最突出的是一个字——忙。不断地接听电话，队员定做的队服送过来让他过目，到上海办签证的一名队员飞回武汉要安排人去接机……

朱华伟笑着说，光在广州大学就有 3 个头衔，好在学校体谅他，有会要开时尽量派副职去。"忙中业务也不能丢，活到老，学到老，奥数的前沿知识、授课、出题、出书，一直没敢丢业务，7 月 4 日队员在汉的最后一次课就由我讲。"朱华伟说。

集训现场探班

奥数金牌是这样炼成的

"队员们状态很好，每天下午 5 点还打乒乓球、羽毛球呢！"奥数国家队出征在即，主教练朱华伟信心满怀。为了在集训中取得最佳效果，国家队的负责老师们在队员的日常安排上下足了功夫。

老师都是全国数学专家

为保证课堂教学质量，给队员上课的老师都是从全国各地选聘的知名数学专家。

"今天正在上课的是上海教育出版社的专家叶中豪老师，他在平面几何领域造诣很深。"朱华伟说。

"由于每个队员对高中数学的知识点都掌握得差不多了，所以我们主要是对他们进行创新意识的培养，题目为载体。最后阶段的课堂教学，以师生相互讨论的形式为主。"

每天坚持体育锻炼

因为考试时要连续考四个半小时,所以我们每天上午也要训练四个小时左右,在让队员适应考试的同时,我们也注意时间安排的科学性,如每天都有体育活动时间,晚上熄灯也较早。

"大量的模拟训练是集训的重要内容,正式的模拟考试举行了10次,18天的教学时间,有10天在进行模拟训练,6名老师每人出两份卷子。"朱华伟说,大量的强化训练提高了队员们的考试应对能力。

游木兰湖、爬长城,放松身心

因为面对的是国际竞争,队员们都承受着不小的压力。对此,除了日常的心理辅导,带队老师们还组织了用以放松队员身心的户外活动。

上月29日,6名队员刚刚到木兰湖游玩了一圈。"到了北京,我们还打算爬长城,游故宫,让队员们尽量调整好心态。"朱华伟说。

资料链接

中国奥数101金　武汉伢夺得14枚

中国自1986年正式组队参加国际数学奥林匹克竞赛以来,累计有134名学生参加比赛,获得101枚金牌,无论是获得奖牌数还是获奖比例,都在世界上处于领先地位。

武汉伢一直是中国军团的重要力量,在中国获得的101枚金牌中,14枚是武汉学生获得的,其中武钢三中12枚,华师一附中2枚。

——撰文:记者万建辉整理,照片邱焰摄。

原载于《长江日报》2009年7月3日。

附录五

深圳中学：以涌现的智慧成全未来

——《新校长》 2019 年 8 月刊

编者按：地处改革前沿地带，深圳中学与深圳这座城市步调高度一致。新千年之后，深中就开始了走班制、单元制、学长团等多元办学方式的探索。

比起竞赛上收获多少块金牌、培养出多少位高考状元，深中更引人注意的是她始终围绕学生发展的真实需要而设计、实践教育。

有大学教授说深中更像是一所大学，这或许是对深中提供给学生的自由和空间最形象的赞美。

从天空俯瞰深圳，会发现这是一座狭长而拥挤的城市。比起"改革前沿、科技、金融、创客、国际化"等标签，深圳的数字表达更简单、直接，仿佛折叠了无数精彩故事。

改革开放 41 年，深圳 GDP 从不足 2 亿元到突破 2.4 万亿元；拥有 367 家上市企业，市值超过 10 万亿元；常住人口 1 300 万，人口密度是全国平均水平的 45 倍。为了容纳源源不断的新深圳人，深圳一

边向海圈地，填海 69 平方公里，相当于填出两个澳门；一边向天要地，成为国内摩天大楼建造数量最多的城市。

深圳当然不只有高空，离地王、京基大厦直线距离不到两公里的一条小路，这里的居民和学生生活节奏更舒缓、宁静。这条小路叫"深中街"，因坐落于此的深圳中学而得名。

从深圳中学教学楼顶层的教室望出去，高楼形成的城市天际线一览无余，深圳最具标志性的摩天大楼：地王大厦和京基 100，正好出现在视野最佳区域。

把视线拉回校园，高大的凤凰树立刻映入眼帘。凤凰花开季节，鲜红或橙色的花朵配合绿色的羽状树叶，形态上像极了中国的龙和凤，视觉体验非常华丽。如今，它早已成为深中人心中的文化符号。

校树是凤凰树，校花是凤凰花，连校歌都叫《凤凰木》。

深圳中学（简称"深中"）于 1947 年建校，她是时代变迁和深圳崛起的见证者。历经城市风起云涌的巨变，浸润于创新与自由的城市精神，最终形成深中独特的气质。

作为老牌名校，深中引人关注的不仅是竞赛上收获了多少块金牌，或培养出多少位高考状元，更重要的是，她始终围绕着学生发展的真实需要而设计、实践教育。改革开放以来，伴随这座城市的发展，深中在历任校长带领下不断实践、创新。新千年后，深中率先在国内探索走班制、单元制、学长团等多元办学方式，鼓励学生自主管理、自由走课，并在 2004 年被教育部列为"全国高中课改实验样本校"。到今天，深中办学理念和特色没有太大的变动，但经验越来越丰富，制度也越来越成熟。得益于此，深中多年来培养了一大批"追求卓越、敢为人先"的深中人。

三年，成为想成为的自己

深中学生，从入学第一天开始，就要在大大小小的事务中学会选择。初入校园，选择体系；学期伊始，选择社团；冲刺阶段，选择未来规划。一切的选择由自己作出，可能产生的后果也由自己承担。在校规校纪范围内，学生的任何选择都会得到充分尊重。这样的环境，有足够的空间让每个人去勾勒自己的成长路径。

不过，相比以往沉浸于传统教育中没有选择的痛苦，一下面临太多选择，新生如果适应不了，更容易困惑、迷茫。对此深中教师有个很形象的比喻：就像一群一直在农场主带领下生活的羊羔，突然进入一片开阔的草原，茫然和慌乱是最容易发生的现象。

把生涯写入"选择"的基因

深中很快意识到，除了把选择的权利交给学生，让学生学会选择更重要。于是，早在2004年深中就开始引入我国台湾地区生涯规划教育大的概念。大生涯，不仅聚焦在学生职业规划，更希望帮助学生认清自我、认识社会，建立与自我、他人、世界之间的链接。在此基础上，让学生能在信息爆炸的时代背景下，学会辩证地看待周遭环境，汲取有价值的信息，做出理性而负责任的生涯选择。

基于这种概念，深中逐步构建、完善了由生涯常规课程、生涯选修课程、生涯体验课程、生涯实践课程、生涯主题活动课程、生涯网络课程、生涯小组成长课程组成的立体化生涯规划教育体系。实施多年以来，生涯规划教育已经写入深中"选择"的基因，潜移默化地陪伴着每位学生的成长。

亲历深中生涯体系构建，如今已成为学校办公室主任的娄俊颖回忆，每个学生的成长都让她感慨万千。而最让她难忘的，是一个学生时代在深中不那么出众的女孩。

那是生涯教育课堂上的一次自我探索活动，娄俊颖让学生写出"最喜欢做什么事"。20 分钟过去了，她注意到有个女孩的纸上还是一片空白。她不断启发，也只得到"老师，我想了半天，确实没什么喜欢的"这样的反馈。"那就想想，你做什么事情的时候会觉得很开心，或者不开心了，做这件事会让你心情好很多。"

琢磨半天，女孩终于想到了。"老师，不知道这件事算不算？我就喜欢吃东西"，女孩说。"很多人都喜欢吃东西，你和别人有什么不一样？仔细想一想"，娄俊颖鼓励女孩大胆说出来。

到了第三节课，尽管女孩告诉娄俊颖，"我觉得我和别人真的不一样。我吃东西会特别去品它，是什么味道？为什么是这种味道？吃下去我能想到什么？"女孩的话题一下就打开了，"我还会琢磨，同样一道菜为什么这家店做得好吃，那家店就不行？是哪个环节出了问题？"

没想到，这个"就喜欢吃东西"的女孩，真的把她唯一的爱好做成了事业。大学毕业后，女孩做起了专注美食和城市文化的自媒体矩阵，到今天商业影响力在整个深圳自媒体圈能排进前三。

"最让我欣慰的是，尽管女孩在深中时成绩平平，却丝毫没有影响到她取得今天的成绩。她对自己的经历，对自己的事业充满了自信。"娄俊颖说，这其实就是深中生涯教育特别的着眼点，生涯规划和成绩没关系，学校更希望的是指向学生终身发展能力的培养。在这个过程中教师往往能关注到细微处，跟学生走得更近，也更理解学生。

"适合"是课程体系的底层逻辑

刚入校的深中新生面临的众多选择中，最重要的还是挑选

"体系"。"体系"设立的初衷基于深中的一个教育共识：没有哪种教育模式适用于所有学生。深中希望通过识别不同的学生，针对性地提供适合的教育，帮助他们走上更符合自己的路。通俗点说，"体系"就是深中在校级尺度上的分层教学，从入学起就对不同特点、不同追求的学生因材施教。

深中建立了标准、实验和荣誉三大课程体系。标准体系在高考机制下运行，和传统高中教育比较接近；实验体系是为有能力或渴望提升的学生量身打造，各种创新学习方式会首先在实验体系试点，出国方向也在其中；荣誉体系是对拔尖创新人才进行特别培养的基地，学术要求严格，学生除了完成高阶课程学习，还要参加高端学术竞赛课程。

选体系，既是新生对自身学习习惯、学习风格、学习水平的一次评估，也带着对未来生活的一种憧憬和挑战。如果进入某个体系一段时间后不适应，可以申请转换。

标准体系：专注高考

深中标准体系吸引的是专注于高考方向的学生，强调均衡发展。通过精品化课程和精细化管理引导学生取得优异成绩，同时注重学生身心健康、行为礼仪及家国情怀的培养。标准体系的课程除涵盖高考领域所有必修、选修课程和学校公共选修课外，还开设了标准讲堂、学科拓展、英语听说训练、跨学科综合、体系活动等特色选修课程。

标准体系实施行政班＋班主任制，学生以行政班建制，不分层、不走课。在高一下学期根据学生的高考方向进行文理分科。每班设1名班主任，是学生发展的主要责任人。

实验体系：聚焦创新

深中实验体系分高考方向和出国方向，吸引的是不愿拘泥于传统高中教学，或希望到海外念大学的学生。因此，实验体系是课程内容涵盖最丰富的体系，除了基础学术课程，学校还提供了深中文凭校级课程，以及国际素养、全球网络、自我成长、领导力、体育健康、研究实践等特色课程。

实验体系也是深中教育改革与创新的"试验田"，新的培养模式、评价方式在这里会优先进行探索。比如，打破以教师为中心的教学结构，以学生为中心，不搞题海战术，减少重复式、纯训练性的作业，以项目式作业为主；课时上尝试过长短课，短课即正常课时，长课课时延长为两课时或三课时；课程安排上展开过对开课，即理、化、生、史、地、政六门课，三门集中到上学期，另三门集中到下学期，对开授课；教育信息化方面，所有课堂都实行平板教学；评价结果结合过程性评价和终结性评价等。管理上，高考方向学生实行导师制，每班2名导师，每位导师管理20名学生，所有任课教师均为导师。出国方向学生实施班主任＋升学指导管理模式。

荣誉体系：超越自己

荣誉体系以学科竞赛、科技创新等荣誉课程为核心，引领资优理科方向学生的深度学习和实践创新，培养未来社会理（工）科高层次人才。

荣誉课程体系分为"基础课程"和"荣誉课程"两大系列。"基础课程"以必修课程为主，"荣誉课程"包含国家必修课程（荣誉）、学科竞赛课程、中国大学先修课程（AC）、自主招生课程（数学、物理）、高端学术课程等。其中"高端学术课程"包括：语言学、天文、哲学、地理、脑力、天文与天体物理学、地球奥林匹克竞赛课程；丘成桐科学奖赛事课程；发明创造或科技类全国赛事课程、人文类或社科类全国赛事课程；高端国际邀请赛或锦标赛赛事课程等。

荣誉体系采用"班主任＋主教练、导师、任课老师＋心理辅导"的全员管理模式，每行政班设1名班主任。主教练负责相关竞赛学生的教学与日常管理，导师负责相关高端学术活动课程学生的指导与教育管理，任课老师负责相关课程的教学和课堂管理。

为最大限度满足学生的个性化学习与深度学习，深中允许学生选择不同的课程修习方式。学有余力的可以先修，喜欢自修的可以免听课程，根据修习情况获得相应的学分与积点。校外学习、网络学习、国际学习的经历与能力可以换算学分，参加国内外高端学术活动的经历与成果也支持进行换算。学生在高一下学期进入全选课模式后，学校课程方面还会提供更多选课空间。

与此同时，依托深圳这座城市科技创新的天时、地利，深中与腾讯、华为、华大基因、大疆、科大讯飞等企业共建11个创新体验中心，与中国科学技术大学、上海交通大学、香港中文大学（深圳）、深圳大学、加拿大阿尔伯特大学共建了光伏发电、智能机器人、空间智能、数学等5个创新实验室，与清华大学合作的薛其坤院士创新实验室正在筹建中。朱华伟校长还动用个人资源建立国际数学资料中心，中心收录了大量国际顶级水准的数学资料。所有创新体验中心、创新实验室面向学生，学科实验、社团活动、研究性学习、高端课程都可以申请使用。

多元培养保证了深中卓越的办学品质。2018年杨天骅、薛泽洋、聂翊宸三位同学收获2枚物理、1枚化学国际奥林匹克金牌，全国第一，更创下省内学校获奖纪录。2019年高考，深中学子10人进入全省理科前100名（占深圳市56％），23人进入省前200名（占深圳市48％），50人进入省前500名（占深圳市49％），均列广东省第一；文科共 87 名考生，5 人进入省前 100 名；北大、清华录取 30 人，全省第一；QS 世界大学排名前 100 的中国高校（北大、清华、港大、港科大、复旦、港中文、城大、浙大、上海交大、中科大）录取 101 人，全省第一。2019 年出国方向学生在海外大学申请中：美国常青藤名校共录取 7 人，全省第一；8 名同学收到来自斯坦福大学、芝加哥大学、西北大学等美国排名前 10 的顶尖综合大学和文理学院的录取通知；英国牛津大学、剑桥大学、帝国理工学院，澳大利亚墨尔本大学、悉尼大学，日本早稻田大学等名校录取 71 人；U. S. News 世界大学排名前 50 的高校录取 127 人。

学生活动是最棒的独家记忆

如果说课程还会因为教学进度而影响生活节奏的话，深中一年到头几乎不停歇的校园活动，则是完全由学生自己把控的小天地。

1 月 1 日——游园会。每年元旦的游园会是深中最具稳定传承的活动，不光吸引深圳各大高中摊主来摆摊，更成为全市市民的一场假日娱乐盛宴。各摊主推出的商品，学生准备的精彩表演、精心设计的游戏与活动，所有人一起在欢声笑语中跨入新的一年。

3 月——"校长杯"足球赛。深中将所有班级分为 8 个单元，"校长杯"是单元与单元之间的争霸。

6 月——校园十大歌手比赛。

9 月——社团招新大会。每年 9 月开学第三周的社团招新大会，即使了解社团情况，也总有意想不到的新鲜出现。

10 到 11 月——生涯历奇。这是以体系和小组为单位，为增加和小伙伴之间的友谊并有助于学生规划未来的活动。

11月——生命教育周。由学校朋辈社团独立策划并开展，倡导积极生活视角，培养学生悦纳自己、欣赏别人、珍爱生命的积极心理品质。

11月——"深中杯"篮球赛。

12月——体育嘉年华。深中的"体育节"，也是体育类社团的盛典。

12月底——单元节。单元节不仅为学生了解彼此特色提供了大舞台，单元庆典也能为单元内的小伙伴留下美好的记忆。

除了每个月的大型活动，在深中，最能反映学生生活状态的就是社团活动。学校目前有124个在校注册社团，高中社团92个，初中社团32个，涵盖科技、公益、实践、体育、艺术、特长、媒体、社科等8个类别。学生可以根据兴趣加入不同社团，也可以申请成立自己的社团（3人即可成团）。

发展多年，深中不少社团的影响力已经越过校园，引起其他学校或社会人士的关注。比如举办活动必会引起社会反响的模拟联合国协会、先锋中学生国际联盟；记录校园点滴，常常推出爆款视频的ACES Studio；关注社会公益的环保协会、Mew社团、深中红十字会……每个社团，都真实彰显着深中学生的风格与态度。

所有社团里，先锋中学生国际联盟（简称"先锋"）是佼佼者中的代表。和大多数社团定期推出作品不同，先锋每年只举办一场峰会活动，筹备期长达一年。先锋峰会筹备从前一年8月社团高层换届开始；10月，头脑风暴出当届的活动议题；12月，确定议题，形成会议正式文案，并开始首轮学校邀请；5月，确定参会学校名单及会议流程，并将有关议题分发学校进行准备；7月中旬，峰会正式举行。

看似流程简单,中间的波折是活动正式开始前最大的考验。先锋社长龙嘉雯介绍,比起拉赞助,参会学校名单邀请是更大的难题,受邀学校的参会意愿、实际条件、沟通效率等细节一旦出现差错,极有可能影响最终的活动成果。不过,每一次对接、沟通,对于先锋成员的心性、表达、谈判、团队协作能力都是难得的磨炼。

为了保持先锋峰会的风格与水准,峰会议题不会从已有的社会热点里找,而是基于中学生视角,从当下现实话题出发引起探讨。2013年,首届"先锋中学生国际圆桌峰会"吸引了来自世界各地的29所高中顶尖学生共同探讨"一所理想的高中",奠定了先锋峰会的品质。后来,为控制办会规模和成本,峰会减少了海外嘉宾邀请,但每年仍保持高水准的学术探讨。2014年"创新公益——践行改变世界";2015年"一带一路,21世纪的机遇";2016年"E-ducation——教育e时代";2017年"环保全球化:改写明天的对话";2018年"文化+"。今年的峰会议题是"未来学校",参会学生代表来自广州培正中学、山东省实验中学、东北师范大学附属中学、北京师范大学附属中学、深圳市科学高中和深圳中学。龙嘉雯介绍,以"未来学校"为题是想通过来自中国不同地区的中学生发声,从学生角度探讨"未来学校",让大众了解学生心中的"未来学校",也希望学生的声音能为社会贡献一分力量。

关于"未来学校",来自国内几所名校的学生有什么思考?通过以下两份材料,可以稍作了解。

议题:未来学校(节选)

在最新型的学校里,即使老师的角色、师生的关系发生了深刻变化，人们仍然相信，传统教育和学校的某些特点无法被替代。所有的新型学校，无论是美国的 High Tech High、Alt School、Khan Lab School，或者是国内的探月学院、一土学校，与传统学校并非水火不容，两者在界限上并不清晰，教育理念上仍有相互交融之处；几乎所有的教育家都否认人工智能等科技手段会彻底取代老师，强调学生和老师真实接触的重要性；科技精英则认为教师与人工智能必须深度合作，形成人工智能领域所称的"半人马"（Centaur）；普通民众，对"数据主义"进入教育领域仍怀有普遍的恐惧，认为对于人类传统文化和价值观的继承、情感和审美的形成，新技术并不能提供好的方案。未来学校的各种探索仍处于起步阶段，有待时间的验证。

教育在人类生存和发展中永远发挥着核心的基础作用，本次峰会将立足未来学校的教育理念，以及其配套"软件"和"硬件"两方面切入讨论，着重以青年学生的视角，对学校教育体系现存问题，未来泛人工智能时代教育的使命、实践，以及相匹配的学校架构开展前瞻性探讨——对未来的学校做出合理设想，成为未来学校建设的推动者，为教育发展贡献中学生的力量。

2019 年先锋中学生国际联盟峰会项目研究成果展示（节选）

7月19日上午，各个小组分别展示了项目研究成果，成果中体现了各组圆桌会议的讨论结果，以及对案例的深入分析，从多角度考虑了他们所设计的"未来学校"的可行性。

第一组代表对应案例分析：资源分配不平均，学生对时间管理不合理，学校学生普遍素质不高等。

他们从空间结构特征、学生的学习方式、课程体系这三个方面进行分析。他们认为"未来学校"的空间结构特征应以学生为中心,加强学生对校园事务的实际管理。资源方面,他们提出建立学校共同体,实现各个学校资源共享。为了使学生高效学习并适应未来社会,他们认为"未来学校"学生的学习方式应该是自主学习,并提倡:学以致用,用以致学。课程体系方面,他们提倡"3+3"模式,即语、数、英三科加上三门选修课。在他们所构建的"未来学校"框架的3D建模展示中,校园内不仅有功能齐全的教室,有高科技的运用,更体现出绿色环保的理念。

第二组代表明确了"未来学校"的教学理念:培养创新型人才。他们从课程设置、学校的管理方式、评教等方面展示了设计的"未来学校"。对于课程安排,他们规划:单双周交替学习实践技术课、信息课,并开展生涯规划课和心理课,帮助学生解决学习之外的困难。学校管理方面,他们设想:由学生、家长和老师组成委员会,共同参与学校管理。最后,对于"未来学校"的评教,他们提出使用综合性评价,以星级制打分,并由高年级委员会收集公布。

第三组代表对应案例分析:地理限制、缺乏师资和生源、语言不通。

因为案例在西藏,限制因素较多,他们提出了多中心微型办校的构想,即在西藏设立多个平等的学校,相互联系,多维度教学,并实现资源共享。他们设想,利用高端的算法,帮助老师和学生及时获得学习情况的反馈,并以此为基础,为学生制订以后的学习计划,充分体现出个性化的特点。为解决师资问题,他们提出利用人工智能代替老师授课的方案。

第四组代表从"未来学校"的教学理念以及目标、教学方法、评教系统进行介绍。他们认为"未来学校"的教学理念及目标应是:培养学生从大趋势中发现小趋势的能力、跨学科的能力以及自主学习的能力。在教学方法方面，他们采用跨学科的方式，并通过考核来检验学生的掌握程度。他们提出：建立学校联盟，开设网课，实现各个学校的资源共享，并为学生提供充分的实习机会，使学生可以更好地融入社会。最后，他们展示了双向评价系统，包括学生对老师、老师对学生、学生对学生以及老师对老师的评价，从多方面进行评价，以保证评价的公平公正。

第五组代表首先提出三个"公理"：在未来五到十年内，高考制度仍会存在；为了适应高考体制，学生的应试能力不会降低；素质教育的比重会不断增长。

基于此，他们提出对"未来学校"的构想：将学校分为左院和右院。左院实施百分之百的应试教育，右院会逐渐降低应试教育的比重，提升素质教育的比重。左院和右院的"分隔线"为北大、清华的录取分数线（附近）。学校每两个月对学生进行考核，过"线"的学生已经具备考上北大、清华的能力，此时他们便可以进入右院，享受素质教育。这样可以在保证升学率的同时，对部分学生实施素质教育。他们表示这是从多方面考虑可行性所得出的理想"未来学校"。

第六组代表对应案例分析：外地人口迁入、社会刻板印象、学校场地不够、学生本身存在心理问题。

针对案例特点，他们提出：老师可以通过互联网进行跨空间连续授课以及资源共享。在空间布局方面，他们提出：教室里可以采用圆桌的形式，并且每个教室配备平板电脑。未来的信息传播迅速，不断更新，他们认为最合理的教学方式不是老师讲、学生听，而是老师和学生共同学习。最后，他们就评教系统提出设想：为了使学生能够积极参与评教，学校会强调其重要性并要求学生签署荣誉证书。为了保证师生评价的准确性，学生应以文字的方式进行评价,并通过家长委员会进行监督。

峰会结束第二周,先锋完成高层换届,马上升入高三的龙嘉雯从社长位置上退了下来。对于这两年在先锋的成长,她无比自豪,"先锋就是最适合我的社团,它的精神会不断激励我前进"。

深中学生还有什么特质?

在深中,有句话常被提及:"深中的生活太精彩,以至于怎么过都是浪费。"多元化的选择、自由的空间,最终形成的是一个个无法被复制的独立故事。但每个人身上,却又带着极其明显的深中特质。

在无数选择中学会选择

"选择"是深中学生的头等大事,想做出更优选择,就得在每一次选择中锻炼、审视自己:找到契合自身特点,又能激发成长的机会。

今年被巴黎政治大学录取的陈心蕙同学从工科转向社科,就是决定在感兴趣的领域钻研下去。比起从众地做自己不喜欢的活动,她认为选择自己热爱的事情,从理想上来讲,会更有价值,更快乐;现实一点来说,也更容易收获成功。

2017年3月,她在美国参加FRC比赛(FIRST Robotics Competition,国际9—12年级中学生机器人对战赛)时,一次谈话让她印象深刻。当时她坐在观众席上,遇到另外一支队伍的教练,教练叫John,为人和善。那段时间她正好对宗教的意义很感兴趣,而John是虔诚的基督徒,于是两人就基督教在美国的意义聊了起来,两个小时在思想交流中飞速而过。这次谈话改变了陈心蕙对宗教的很多看法,让她开始以更开放的心态面对新文化。

很久之后陈心蕙发现,或许正是那场谈话、那次比赛经历,让她确认自己真正的兴趣在于社科领域，而非曾经以为的工科或理科。直觉告诉她，跟各种各样的人交流的感觉，见证各种思想碰撞，见到更大的世界，才是她内心真正想要追寻的东西。

"选择"在深中生活中如此重要，ACES Studio 社团还以此为主题拍摄了一部学校的招生宣传片《你会有什么样的选择》，通过记录几位不同体系学生的成长过程，告诉所有新生"选择"在深中的意义。短片获得了 2017 年中国教育电视协会、中央电化教育馆"全国中小学校园影视奖"金犊奖提名奖，有无数学生深受这部宣传片触动，最终选择来到深中。

multi-task 常态化

multi-task（多任务处理）是深中学生经常面对的情形：学业节点、社团活动、学校活动不会遵循先来后到，常常在某个时间点不约而同进入倒计时。

不过，深中学生从来不屑于拿"既要做这件事又要做那件事，因此每件事都没办法做到最好"当借口，而是积极适应多任务处理的常态化。对此，体验过标准、荣誉、实验体系三种角色的叶以恒同学深有体会。

竞赛生涯（荣誉体系）那一年是心无旁骛的苦修，叶以恒试过刷题刷到晚上 11 点；为证明习题集里标准答案的谬误，花一个通宵查阅文献以佐证自己的想法……来到出国方向（实验体系），生活瞬间从苦修进入"灯红酒绿"，稍不留神就会迷失自我。身处竞争，叶以恒和很多同学一样在"数字游戏"中迷失了方向：与他人盲目攀比绩点，标准化考试分数，AP 五分的个数。当压力翻涌而来的时候，他又陷入另一种疯狂——参加一切可参加的活动以填补竞赛一年留下的空缺，丝毫不考虑时间的不足。

"这一年是高中以来最累的一年,并不是因为事情本身带来的消耗,而是无法全身心投入地去做任何一件事情——无法真正用心地做好一个活动,好好准备一场比赛,全神贯注地学'裱花'(标准化考试)……这种状态极为糟糕,用一个词来形容就是'浑浑噩噩'。"

好在他及时发现了自己的问题——在那种情形下,要么合理安排时间,甚至适当舍弃睡眠,把所有事做到最好;要么放弃一些东西。再三衡量后,他决定放弃时间长、含金量高的暑期项目,花一个月专心攻克迫在眉睫的SAT考试,并最终收获胜利。

如今已被芝加哥大学、剑桥大学等名校录取的叶以恒,对于当时的状态仍心有余悸,"在深中如此多元的环境里,理性思考,做出合理的判断,认清自己,不随波逐流,是那么重要"。

深中传承

2004年,深中创建了深中学长团。学长团是学生自主管理组织,由50到80名优秀高二学生组成,主要承担帮助高一新生适应校园的责任。到今年,学长团已经进行到第16届,是深中最具特色的文化传统之一。

"在深中,对学生影响最大的不是校长、老师,而是学长团",坊间流传的这句话固然有些夸张,但一定程度上证明了学长团在学生心中的超然地位。这种超然,来自学长团15年来一直在积极传递的责任与关怀。

来自深中第十四届学长团的叶俊汝同学,至今仍记得高一生涯活动时跑进力行楼与站在两边的学长学姐们击掌的情景。"那一刻有一种震撼击中了我——我似乎看到了'传承'到底是什么。我爱他们晚自习时的探班,爱他们在我们生日时写出的'寄得爱'，爱他们毫不吝啬的帮助和鼓励，爱他们那句'我们永远在这里为你们撑腰'。"因为热爱学长团所做的事，叶俊汝很快也提交了学长团报名表，她渴望成为其中的一分子，把感受到的爱与关怀传递给未来的学弟学妹。

叶俊汝得偿所愿，高二那一年，她从喊出"非常好 Yes"，到结识学弟学妹们有趣的灵魂，到写出一封又一封"寄得爱"，再到曾经自己的出发点——生涯活动时站在力行楼，成为伸出手与学弟学妹击掌的人，她把心底珍藏的那份"感性的温度"真正传承了下去。

深中学长团的存在只有"帮助学弟学妹"这个非常纯粹的理由。无论生活、学习，甚至感情问题，无论彷徨、迷茫、自卑等任何困扰，学长团都甘愿以身作则，把能引领新生前进当成至高无上的荣耀。或许正是这种不计回报的付出，让深中学生之间的感情链接超越了"工作情谊"，浓缩成一种深入骨髓的真挚情感，并在一代又一代深中人身上发扬光大。

让优秀的人培养更优秀的人

今年 5 月，因为一份《2019 年拟聘教师》名单，深中上了教育圈的热搜。名单显示，学校新聘的 35 名教师均为硕士以上学历，其中 20 人毕业于清华大学、北京大学，5 人毕业于哈佛大学、伦敦大学学院等世界顶尖名校。这些教师中 27 人为硕士、8 人为博士（3 人为博士后）。名单一出，"顶尖名校毕业生去中小学教书算不算资源浪费"的议论就来了。对此，当时远在英国游学的朱华伟校长连线作了回应，"最优秀的人才能培养出更优秀的人，真正的'大材'才能培养出'大材'"。这和不久前华为 CEO 任正非谈教育时提到的"让优秀的人培养更优秀的人"如出一辙。

美国著名智库"国家教育与经济中心"曾对全球五个高水平的教育系统：芬兰、新加坡、澳大利亚新南威尔士和维多利亚州、加拿大安大略和阿尔伯塔省及中国上海进行研究，试图找到国家和地区层面塑造高质量教学的秘密。研究认为，在所有影响因素中，教师质量是重中之重。研究还显示，五个教育系统都实现了从系统层面为教师赋能，这种赋能贯穿教师职业生涯的每个阶段，进而打造出更高效的教育系统：选拔优秀的人来做教师、为他们提供强有力的专业培训、为他们创设专业的工作环境，充分认可教学的专业地位，使教师成为理想职业，从而提升整个教育系统的教师质量。

深中鼓励新教师，尤其是非师范专业的新教师打破常规，把新鲜内容、新思维方式带入课堂。在这方面，2018年入职的几位新教师已经开始崭露头角。

新教师、新思维、新课堂

选择来深中当老师之前，刘莹是清华大学生命科学学院的生物学博士，师从世界著名结构生物学家颜宁教授。毕业季，刘莹早早收到了三个录用通知，分别是留在清华大学做课题项目管理，回老家长春机关工作，到深中当老师。

参加过深中在清华大学的宣讲会，深中开放、坦诚的风格和在高端学术上的追求给刘莹留下了深刻的印象。经过慎重考虑，她选择来深中当教师，这个决定也得到了父母和导师颜宁的支持。

"人体中的葡萄糖转运蛋白共有14种，目前研究较清楚的是葡萄糖转运蛋白1,2,3,4（简称GLUT1-4），它们负责向人体的不同组织转运葡萄糖。越来越多的研究发现GLUT1和GLUT3在多种实体瘤中超量表达，这是由于……"

这是最近一次深中生物科组的同课异构课内接力活动，刘莹细致、生动地讲解了物质跨膜运输的几种不同方式，还通过最新前沿动态的拓展，使学生发现，原来看似微观的转运蛋白，未来在肿瘤的诊断与治疗上可能发挥巨大的潜力，也让学生进一步理解了"物质跨膜运输的方式"这一难点。立足教材，高于教材，又回归教材，用前沿高端的知识引领学生对学科领域更深层次的思考，这是最近两年深中生物教学一直在尝试的突破。最近，除了日常带高一年级四个班的生物课，刘莹还加入了深中国际遗传基因工程机器大赛（iGEM）备战团队，担任指导老师。

　　生物科组另一位老师——新加坡国立大学毕业的尤佳博士，同样被深中的开放吸引而来。刚到学校，她发现深中的学生悟性很高，于是拿出念博士时的风格，一堂课讲了几乎半本书。直到学生提问"老师，您这是开讲座吗"，她才尴尬地停了下来。

　　之后那个月，尤佳铆足劲钻研课本，逢其他老师的生物课必听，终于把课堂的高度降了下来，回到高中的正常轨道。不过，学生们对她在课堂上介绍的大学本科阶段常用的 SPSS（Statistical Product and Service Solutions，"统计产品与服务解决方案"软件）这类工具非常喜欢，让她有些意外，"深中的学生对新工具的接受度非常高，完全不在乎是否大学阶段才适用，只要学会了，用起来非常溜"。正因如此，尤佳老师在学生中间多了一个更具学术气息的称呼——"尤博"。

　　把新鲜内容引入课堂，让课堂更有活力，清华大学国际政治专业硕士毕业、去年9月入职的政治科组教师林嵘净绝对是最受欢迎的新教师之一。林嵘净第一次在课上引起关注，是刚入职两个多月的一堂公开课："投资理财的选择：股票"。担心普通的课前导入无法让学生集中注意力，她就用了一款能把文字即时转换成动画效果的 App，将 200 多字的内容制作成 1 分钟的短视频在课前播放，一下就抓住了大家的眼球。

"同学们，你知道什么是股票吗？你知道股票最早来源于哪里吗？你知道什么叫作 K 线图吗？为什么股票市场有涨有跌？为什么每天的新闻要报道股市行情？为什么爸爸妈妈总在家里长吁短叹？你想不想知道，怎样完成一只股票的买入和卖出？改革开放 40 年，为什么是深圳，能够取得从 GDP 不足 2 亿元，飞跃到 GDP 2.2 万亿元，增幅达 1.1 万倍。在这其中，股票扮演了怎样的角色？股票市场对中国经济发展有什么作用？你是否知道，深中学子有一个属于自己的金融投资社？如果你不知道，那么这堂课就请你认真听讲，积极参与。相信你一定会在学习本课之后，有所收获。精彩内容，马上开始。"

除了别具一格的导入，课上还设置了上讲台操作模拟炒股软件的环节。因为学生对软件并不熟悉，在实操环节出现了"意外状况"。有几个学生现场实在搞不定软件操作，网络搜索后还是不行，就申请给父母打电话求助。一开始父母还奇怪怎么上课时间打电话，得知课堂情况，马上指导才解决了难题。对于那堂公开课，两位听课的教育部专家当场给出点评：授课形式很新颖，给人感觉有些跳脱，同时又很有原则，有着和师范专业毕业的教师不一样的思路。

从此以后，脑洞大开的讨论经常会在林老师的课上展开。贺建奎事件发生时，林嵘净原计划把课件和视频放一遍引导学生讨论，但她对基因编辑技术并不了解，这部分讲得磕磕绊绊。这时，一位学生物竞赛的同学站出来，主动讲解起相关内容，讲到一半另一位生物竞赛同学表示不认可，两个人辩论起来。于是，话题的走向从基因编辑的道德转到技术，再到科学伦理。尽管有些失控,但在这样的课堂上,学生非常投入、非常开心。

慢慢地,时政热点成了林嵘净课堂上的常规素材:美国引渡孟晚舟为什么不合法不合理?她给学生讲到美国惯用的"长臂管辖";美国商务部把华为列入实体名单的举动为什么不合理?华为为什么要作出反应?中国为什么要如此反应?她给学生讲到商务部《出口管理条例》三个名单的依据等,每一个时政热点都呼应了课堂知识。

现在,林嵘净几乎不敢在课上"偷懒",只讲完课本内容根本没法结束。一到她的课,学生会主动问"老师,今天讲什么'八卦'(时政消息)?"不在课上抛出点新鲜话题讨论一下,她自己都觉得少了什么。

用专业引导人生

其实,深中的教师队伍是伴随着深圳这座城市和学校的发展成长起来的,从20世纪八九十年代开始,就有大批优秀人才来到深中,为学校发展作出巨大贡献。现在的生物科组组长刘越,就是2002年深中课改储备一批教师时加入的。

刚到刘越老师的办公室,她还在赶回学校的路上。突然,办公室外的楼道里嘈杂起来。到门外一看,有工人正在往生物学科教室里搬大箱子。打开箱子,里面放着葡萄、苹果、萝卜、黄瓜等常见的水果和蔬菜。乍一看,还以为教室里要模拟一个菜市场。这是要做什么实验呢?

等刘越回到办公室,一介绍才知道,这些果蔬是为生物选修一教材上的实验课准备的原材料。实验主题是"果酒、果醋、腐乳、泡菜",当天做实验,到下周进行酒精生成、果醋 pH 值变化、泡菜中亚硝酸盐含量的鉴定。

加入深中，无论是连续带高三、当班主任，还是从高一、高二尝试教学改革，刘越在教学上的关注点始终是生物学科带给学生的核心素养：探究精神、科学思维与生命观念。实验是给学生探究精神和科学思维最直接的锻炼，只要教材中提到，哪怕是一句带过，所有有价值的实验老师都会鼓励学生做足。

刘越介绍，这样安排表面上增加了课堂负担，其实给了学生更多自主选择的机会。"今年的高考生物，最后一道大题来自选修一和选修三，学生二选一，很多学校就只挑一门，学一本教材。但我们觉得两本选修教材都有教育价值，而且深中的孩子有能力去学好，就把两门都开了，把高考时做哪道题的权利交给孩子自己。"

在教学上，刘越关注的不仅是"学会"，而是要帮助和支持学生"会学"，并且形成自己的学习方式和建构自己的知识体系。多年之前，她就开始在教学中启发学生搭建个人知识体系，她还在实验体系中将生物课全部实行主题单元学习方法，并制作学习指南，告诉学生课前需预习哪些内容，自我评估要达到什么程度，课堂上要用到哪些学习素材，用什么方式学习，课后按需要协作完成项目作业设计，以推动学生自主学习。

不仅在课堂上，刘越把深中的校园生活也纳入了知识体系的构建当中。2009年，正为"带学生做什么课题好"发愁的刘越在傍晚漫步时，注意到校园里植物种类丰富，花草树木众多且形态各异，"让更多人认识校园里的植物"这个想法就诞生了。几经琢磨，课题再度升级为给校园中的植物挂上标牌，以及编写《校园植物志》。

为植物挂牌并编写《校园植物志》，给了学生一次很好的锻炼机会。工作内容看似简单，却要实实在在付出不少辛劳。从无从下手到分组合作：拍摄、鉴定、设计、编写，校园里到处都是学生们的身影。经过整整一个学年，《校园植物志》初稿才编写完成。之后，因为新教学楼修建，校内植物发生变化，刘越又带着学生进行了挂牌更新、内容修订、补充，不断完善，终于在2017年深中70周年校庆之际出版，既为校庆献礼，也给学生们留下了一份值得收藏的美好回忆。

用自己的专业知识和个人经历引导学生变得积极和美好的，还有被学生亲切称呼为"音乐教母"的刘梅老师。1997年，星海音乐学院声乐系毕业的刘梅，原本打算成为歌手跨入演艺界，却误打误撞成了深中的一名音乐教师。她的简历，是在同时竞争的众多名校毕业生面试一一落马的情况下，被招聘老师从垃圾桶里捡回来的。当时，深中原有的合唱团濒临解散，不被看好的刘梅老师主动承担起重建合唱团的重任。短短几年，她顶着压力，硬是捧回一座座奖杯，打造出一个誉满全国、名扬国内外的合唱团。不过，比起合唱团总指挥的头衔，刘梅更在意自己"教育者"的身份。她教育学生如何做人花的工夫比上课、排练合唱要多得多。"音乐艺术的感染力，可以升华一个人的精神，净化心灵，特别是在今天竞争压力这么大的环境里，对于学生，对于我们自己都非常重要。"她会在课上让学生唱"KTV"，也会在课上播放优秀歌手的演唱会片段，还会播放和音乐相关的启迪人生的纪录片或视频片段，甚至她会分享自己的奋斗历程，与音乐的不解之缘。"我不会刻意跟孩子们说音乐这门艺术是怎样的，我只希望他们通过理解音乐，可以更敏锐地感知生活的幸福和意义。"

学科不同、年龄不同、学历不同、风格不同、性格不同，但深中教师无一例外的，在用专业和人格超越课堂本身，引导学生获取更多知识以外的素养，引领学生走上更适合自己的人生道路。

这种"集体无意识",或许才是深中不断吸引优秀教师加入,并持续卓越办学品质的有力保障之一。

打造一所斯坦福味道的"未来学校"

深圳中学正在建设的泥岗校区,在整个规划过程中,设计方案反复讨论,几次易稿。因为最终设计效果神似美国斯坦福大学,泥岗校区就有了"斯坦福味道的中学"的称号。在朱华伟校长眼里,泥岗校区就是未来学校的深中方案。

设计理念七大突破

在设计理念上,泥岗校区打破传统高中校园建设模式,实现了七大突破:

科学与艺术并重。 从单纯应试教育学习的地方转变为师生学习、生活、成长一体化培养的校园,使知识学习和生活实践并重。通过艺术、实验等课程全面加强人的发展,使学生能自主发现和实现个人的潜能。

发展与创新并行。 从同质化的规划建设和教学管理模式转变为因地制宜的校园规划建设和个性化教学发展模式。改变传统规划设计"千校一面"的校园建筑和景观,结合教学特点进行创新设计,包括适应大、中、小班制,教师团教学,学生自主选择教学进度等新型教学模式的空间,满足学生个性化发展的可能。

构建新型师生关系。 新校区以年级为单元,各体系学生混合分布,办公区与教学区二位一体,把高、低年级之间,师生之间的疏离转变为伙伴交流,构建更亲密的生生关系、师生关系。

绿色环保。 新校区校园规划建设整体按照绿色建筑一星级标准进行建设,并结合所应用的多项技术开设环保课程。未来还将利用智慧环境资源监控系统和碳积分管理等手段,培养师生低碳习惯。

新型科技应用。新校区将布局先进信息技术，推动学校教育改革创新与整体发展的系统。目前正在筹备开发深圳中学研究性教与学网络平台和网上深中学堂。

共享。新校区将从传统封闭式校园建设与管理转变为开放共享的校园环境，为学生提供更多的公共活动空间。

可持续发展。从规划与发展的疏离转变为可持续发展的校园。在规划设计中为学校二次发展留有充分的弹性空间；结合师生实践发展课程，对校园空间不断地进行再次创造。

未来深中将培养什么样的人？

2020年9月开学，泥岗校区将正式投入使用，深中高中部将搬迁过去。不过，这绝不仅仅是空间上的整体搬迁，学生的培养方式也会有所变化。

具备全面的基本素养。升学、就业和生活必须达到的学术水平依然是深中学生的发展基础。泥岗校区在校园设计上，尽量营造出能激发师生交流、探讨、思考、研究的空间和场景，用环境本身的感染力无声无息地影响沉浸其中的每个人。此外，新校区还形成了三层的屋顶庭院，庭院之间通过开放的阶梯连为一体，整个学校变成一个多层、立体的中心花园，让每个人都置身自然的环抱之中。

原创思维。深中目前所有的创新体验中心、创新实验室将搬入同一栋楼。深中的创新体验中心已经具备一定的理工科优势，有些实验室功能齐备，甚至可比肩高校。未来，深中会注重人文类的创新体验中心打造。这里鼓励创新，鼓励原创，将会成为深中学生创意最集中的孵化区。

慷慨的合作者。相比目前象征深中文化和学术的地标，天井、图书馆天各一方的布局，新校区在这方面有了全新提升。作为重要活动场所的资源中心在水平方向将四大体系彼此连接，中心的灵魂空间——图书馆依中心花园排布，将为师生提供最方便的共享客厅，生活交流、学术探讨毫无阻碍。

终身学习。更加便利的资源中心，以及位于教学区和宿舍区之间的 STEAM 活动中心，打破区域界限，消弭生活和学习状态的差异。STEM、人文学科知识等会在这里得到极大的融合，激发学生学习的能动性。

传承深中精神。深中精神是中国、深圳、深中文化精神的高度凝结。新校区以中国古朴的自然观和仪式感的建筑空间来表达中华文化的博大（天人合一，空间礼序），以抽象的建筑符号和建筑特征表达地域文化的传承（镬耳墙、骑楼、天井），以深中有记忆感的文化符号（凤凰木、校徽、樟树林）来延续深中的精神传统。

为了将学生培养成新时代的学习者，看似简单的空间布局背后，其实是关于时间、空间、技术、场地、资源的高维运用。不仅关注学生学术上的成绩，还关照他们在学校社区文化中的体验，以及对校园环境、学校文化的整体感受，最终提升学生在校的体验——让学生在舒适的校园中自在地学习、生活。

朱华伟：一路追梦的教育人

在前任校长赵立 2016 年 11 月出任深圳市教育局副局长后，谁将成为深圳中学新掌门人一直是社会关注的焦点。2016 年 12 月，市教育局经研究决定朱华伟担任深圳中学党委书记、校长。至此，深中在 70 周年之际迎来了最新一任校长。尽管很多关注深中的深圳市民当时对新任校长不太了解,但熟悉朱华伟的同行和师生都知道,作为深圳首位博导中学校长,视野开阔、专业水平高、敢于担当的他,必将给深中带来新的发展。

圆梦深中

三十多年来,怀着"做中国的苏霍姆林斯基"这个梦想,朱华伟在内地做过中学教师、教研员、教育局局长;来广东后当过中学校长、大学教授、博士生导师;担任过国际数学奥林匹克中国国家队领队、主教练;筹建了广州市教育研究院并任院长、党委书记。

作家托马斯·沃尔夫说,现实中的每一刻都是窥视历史的一扇窗户。2017年1月17日下午,深圳市教育局宣布朱华伟为深中新任校长时,仿佛就是他三十多年教育生涯一直在等待的一刻。在当年11月18日举办的深中70周年校庆活动上,他代表深中500多名教职工和近四万名校友向社会郑重宣布办学目标:"建设中国特色世界一流高中"。

将深中建设成世界一流高中,这不是心血来潮的"大话"。一来,深中70年的积淀已具备一定基础。改革开放以来,深中始终同深圳共成长,同中国共发展,培养的人才中很多都成为深圳特区开拓的先锋与发展的生力军。二来,朱华伟更明白,发展有中国特色、世界水平的现代教育是当下的时代命题,是大学的任务,同时也是中学的任务。"建设世界一流高中,是为国家培养具有中国底蕴和国际视野的拔尖创新人才,为中国梦的实现提供最关键的人才支持,同时为中国教育和世界教育贡献深中智慧和深中经验。"

建设之路

围绕"建设中国特色世界一流高中"这个目标,朱华伟带领学校进行了全面部署,也作了扎扎实实的努力,教师队伍、办学成绩、校园建设、课程资源、社会影响力的飞跃进展有目共睹。例如,两年多来,北大、清华毕业的教师从 5 人增加至 39 人,博士从 4 人增加至 30 人。面对这么多优秀的毕业生投身基础教育,朱华伟鼓励他们"将课堂教学与科学研究相结合"。面对"引进高端人才是'大材小用'"的质疑,他大方回应,"让最优秀的人培养更优秀的人"。

朱华伟一方面为学校谋划发展蓝图,另一方面也切实关注每位学生的现实难题。上任后开学第一天,朱华伟到的第一站就是学生宿舍。学生宿舍条件简陋,设备老旧,墙面钢筋外露、斑驳陆离,最突出的问题是热水供给不足,女生宿舍到冬天也没有热水洗澡,只能用饮水机里的热水洗。

朱华伟有些意外,"这让我想起 20 世纪 80 年代初武汉大学校长刘道玉视察女生宿舍的场景,没想到,在今天中国最富裕城市里最好的中学,会有这么差的学生宿舍。"现场人员说:"自 2012 年以来一直是这样,很难解决。"他当即反问:"如果这里住的是我们自己的女儿,还会说无法解决吗?无论如何都要把女生宿舍的热水问题解决,现在不谈困难,只谈解决问题的办法。今天就站在这儿开会,找不到办法不散会。"最后,用一周的时间重拉电缆,将电热水器安装到每个宿舍,终于解决了积压多年的女生宿舍的热水问题。

为了从根本上解决学生住宿条件差的问题,两年多以来朱华伟不遗余力推进旧改,建新宿舍,新宿舍建成后,监督选用实木家具、实时监控新宿舍各项检测指标,带领家委细心检查每个细节,只为给学生创造满意的住宿环境。如今,老校区已经焕然一新:新宿舍、新食堂、新实验室(理、化、生)、新媒体中心、新监控室、新图书馆、新羽毛球馆、新乒乓球馆相继投入使用，新健身馆即将落成；在建的泥岗新校区，也将于明年秋季开学投入使用。

2018年7月，学校团队多次打磨的《深圳中学五年发展规划（2018—2022）》由学校教代会通过。该规划从学校治理、课程改革、综合素养评价、人才引进等12个大方面43个子项目详细列举了发展内容，每一轮的讨论朱华伟都参与并发表意见，他要求每个子项目都必须落实到个人，并且要请第三方每年进行客观评估。为什么是到2022年？朱华伟说那一年刚好到他的退休年纪，"我希望能在退休之前，扎扎实实把每一项规划都落实好。"

从年近不惑放弃职务晋升来中学当校长，到年过半百离开舒适的岗位，以不足在广州时一半的工资到深中当校长，住出租屋，挤公交。每一次引发舆论哗然的决定，在朱华伟自己看来，都更像是在不断"回归"，回归他对教育的情怀。正如他自己所说："从喜欢数学、喜欢学生，到热爱数学教育、热爱教育事业。我来深圳中学就是为了追寻单纯的教育梦想，为了给中国的教育事业贡献自己的一分力量。"

| 从游集：让优秀的人培养更优秀的人

附录六

书香满园
——朱华伟校长深情赠书，诚邀师生共绘知识蓝图

  为了庆祝第 40 个教师节，2024 年 9 月 5 日上午，深圳中学图书馆举行了朱华伟校长图书捐赠仪式。朱校长向深中图书馆捐赠 3 715 册图书，这些图书位于新校区图书馆 B 栋二楼数理化区，共计有三面书架。

校长赠书专柜

朱校长是一位特别爱书的人，四十多年来读书、教书、写书，每到一个城市必去的地方是书店和图书馆，与书结下了不解之缘。2000年在美国加州州立大学洛杉矶分校做访问学者时，他收集了大量外文资料，回国时得益于很多同学帮忙背书，才将这些书籍漂洋过海带回家。

他常笑着和老师们说："我年轻的时候人穷志不短，当时工资很低，大部分会用来买书、买英语磁带、买音乐磁带。18岁从教以来，从河南到湖北、广东，从中学到大学、教研院再回到中学，一路伴随我'漂泊'的是一箱箱沉甸甸的书籍，两万多册藏书（其中八千余册英文原版书）是我珍贵的财富。"

近半年来，他几乎每天都对自己的书籍精挑细选，把一袋袋书籍带到学校，日积月累就有了如今的三千七百余册图书，其中不乏很多市面上购买不到的图书。

这些书既有引领学科前沿的中英文版专业典籍，它们汇聚国内外最新的研究成果与理论精粹，为师生们搭建研究学问、追求真理的桥梁；也有朱校长的学术著作和涵盖古今中外的文学作品。

| 从游集：让优秀的人培养更优秀的人

· 216 ·

有一些书上还能看到朱校长数十年前留下的笔记，它们镌刻着时光的履痕，记录着这本书的历史。每当翻开图书，仿佛开启一次穿越时光的隔空对话。

朱校长说：读书是一种信仰，是一种修行，更是人一生的精神陪伴。如果说体育运动是对身体的锻炼，大汗淋漓后让人一身轻松、心情愉悦，那么读书就是心灵的涤荡与滋养，每读一本好书都是一段有益的精神之旅。书籍是知识的载体，更是心灵的灯塔。它们能够引领我们走向广阔的知识海洋，开启一段段奇妙的探索之旅。

自2017年1月任职深中后，朱校长一直很重视深中图书馆的建设和提升,他在 2017 年春季开学典礼上说:"深中要建设中国中学最好的图书馆。"他希望深圳中学是这样的:一个喜欢读书的校长,带领一批喜欢读书的老师,培养一届又一届喜欢读书的学生;让阅读成为习惯,让书香溢满校园。他希望深中图书馆未来馆藏能达到 100 万册。

在此,我们对校长的慷慨赠书表示最深切的感谢,让我们与校长同行,以实际行动响应"书香满园"的活动,一同参与到这场知识盛宴中来。我们邀请每一位校友、老师和学生:

1. 分享阅读。将你喜爱的书籍带来学校,与同学分享阅读的乐趣,让知识在彼此之间流动。

2. 推荐心选。向图书馆推荐你认为有价值的图书,无论是专业学习还是课外阅读,让更多好书进入我们的视野。

3. 参与捐书。愿意捐出自己家中的藏书,请与图书馆联系,让我们共同丰富图书馆的馆藏,为构建知识共享的平台贡献力量。

4. 书写未来。在这次"书香满园"活动中,通过捐书、分享书的形式,携手共绘知识蓝图,一起书写深中未来的辉煌篇章。

我们相信,每一位深中人的参与,都将是校园文化繁荣的宝贵财富。图书捐赠不仅是一种知识的传递,更是一种精神的传递。每一本书都是蕴藏无限力量的花苞,会在传递中开出智慧的繁花。

"赠人玫瑰,手有余香。"让我们一起努力学习,终身学习,用书籍点亮智慧,用知识成就未来!

附录七

漫谈数学学习，开启智慧大门
——校长讲座《数学学习漫谈》

  宇宙之大，粒子之微，火箭之速，化工之巧，地球之变，生物之谜，日用之繁，无处不用数学。

——引言

  2022年11月14日下午，深圳中学校长朱华伟教授在新校区体育馆开展了一场题为"数学学习漫谈"的讲座。高一全体师生及学校数学组部分教师参与学习。朱校长在讲座中深入浅出，纵横捭阖，以其深厚的数学学养和丰富的教学经验给同学们上了一堂别开生面的数学课，带领同学们体会了数学之妙，感受了数学之美。

讲座现场

朱校长首先以"十进制"的发明为例,讲述了数学作为人类文明的重要组成部分,对近现代科学技术与生产力的飞速发展起着极为关键的推动作用。近代科学技术新纪元的开辟者牛顿就曾将他毕生最重要的著作命名为《自然哲学的数学原理》,二十世纪最伟大的科学家爱因斯坦在他的自述文章中也一再谈到数学对他毕生成就的根本影响。

朱校长旁征博引,用丘成桐院士的话来说明数学拥有的神奇力量:"对那些懂得驾驭它的人来说,数学能打破距离、语言、文化的隔膜,把他们立时拉在一起,交流共通的知识。"朱校长还兴致盎然地向同学们分享了数学蕴藏的人文意境,在文理贯通中描绘数学之美。

作为有41年教龄的老教师,朱校长对高一学生的学情非常了解,他用数学的重要性激发学生的兴趣,用数学家华罗庚的名言来激励学生:"聪明在于学习,天才在于积累……所谓天才,实际上是依靠学习。"

学生认真聆听

朱校长强调，数学给予人们的不只是知识，更重要的是能力，这种能力包括直觉思维、逻辑推理、精确计算和准确判断等。因此，数学在提高民族的科学和文化素质中处于极为重要的地位。高一全体新生听了都深受鼓舞，十分振奋。

自2017年开始，朱校长每年都会在新生入学教育期间给同学们上开学第一堂数学课，给新生吃一颗"定心丸"，让不同程度的学生都能建立起对数学的自信心，为学生的学习提供方法指导，让学生受益匪浅。

讲座临近结束，朱校长祝愿大家享受数学学习，取得理想成绩，并殷切期待同学们努力学好数学，为国家、为民族、为人类做出贡献！

教师感想

任栋老师　特级教师、正高级教师

在深中，我是一位"年轻"的老教师，年轻是因为刚来深中工作，对深中的一切都充满了好奇。近几年深中在教育教学改革、学生培养所创造的神奇激发了莘莘学子对深中的向往，深圳教育传奇人物朱校长的故事同样激发着关心教育的每个人的好奇心。

今天非常有幸听了朱校长面对高一全体师生做的一场学术报告，颇为震撼！这位前任国际数学奥林匹克中国国家队的主教练、博士生导师、二级教授的形象瞬间变得更加伟岸。

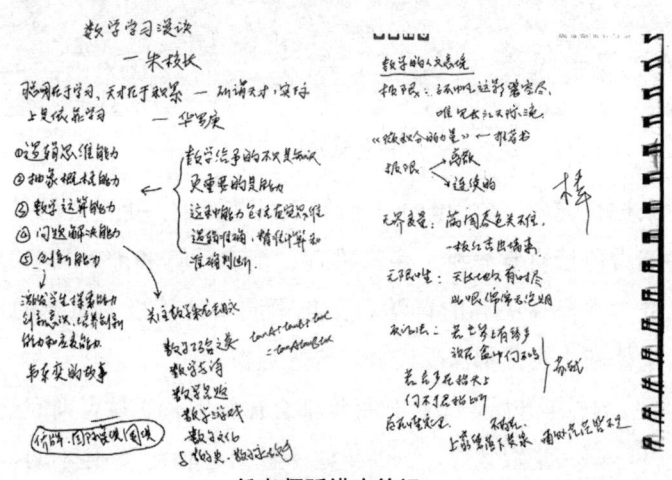

任老师听讲座笔记

校长用充满激情而又诙谐的语言，从诗词歌赋到现代科技，娓娓道来数学之美；从数学学科的特点，润物细无声地指导学生学习数学的方法；从一名优秀的资深数学国际金牌主教练的视角，阐述了学（教）好数学的康庄大道；从长者和学者的身份，让学生们明白做人做事的真谛；从校长的高度，帮助学生们树立正确的人生观、世界观，立志报国。

短短两个小时，让人如沐春风，如痴如醉。校长的儒雅风范、渊博学识，让每一位听讲者都折服。现在终于明白，深中为什么会有今日的辉煌，一个好的校长就是一所好学校！相信深中的明天会更美好！

学生感想

殷嘉琪　高一（5）班

今天听完朱校长的演讲，我对数学有了新认识，它不再是纸上令人头昏脑涨、胆战心惊的算式，而是活跃于我们生活的每个角落，成就了今日的科技时代的先进文化。

数学与生活紧密联系。古诗词中的反证法，让我们感受到文学与理性的结合；乾隆皇帝数塔的例子，完美展示了集合中的对应关系；抽屉原理让我们可以推演出一条不变的事实；欧几里得的平面几何流传至今，演绎了几何定理的简洁美。通过数学，我们可以抓住主要矛盾，进行统筹规划，服务于生活。

同时，数学是现代科技大厦的根基。计算机的发明，运用了千万条的数学公式与原理。华为的 5G 技术来源于数学理论，终为国之利器。数学的学习需要"吾将上下而求索"的精神，华罗庚从无名自学到顶尖数学教授，"韦神"生活上不拘小节，却在数学上有超高的造诣，这多源于他们不懈的坚持与热爱。

随着时代潮流的改变，数学在生活中越来越受到重视。作为新时代的青少年，我们更应承受住一次次考试的打击，不能让高考成为学习数学的目的与终点。校长的话也让我明白了，数学题目是刷不完的，因此数学的学习更考验我们的探究与思索。在生活中，学习数学需要坚持，"三天打鱼，两天晒网"只会是事倍功半，要用更有效的方法学习数学。愿我们在生活中感受数学的魅力，用数学推动人类的进步。

王耀天　高一（5）班

我从朱校长的演讲《数学学习漫谈》中受益匪浅。朱校长向我们展示了数学家华罗庚对于数学学科的理解，向我们分享了不同学科中潜在的数学思维与思想，如苏轼的诗运用了反证法，乾隆用集合思想解决问题，这些都体现着语文、历史等不同学科中蕴藏的数学内涵。

数学作为许多学科的基础，在不同的发展领域都有着不可撼动的地位。如海湾战争中，比拼的不再是单纯的人员、火力，更加入了数学元素，这也印证了数学在军事、科技等多个领域中发挥着重要的作用。数学，这一未知与神奇共存的学科，充满着困难与成就，因此需要我们用更多不同的方法去学习研究，从不同的角度去探讨分析。

朱校长指出，在做题过程中，我们不应求机械式的"第一反应"，而是有着自己对于题目的审读、理解、分析，不能通过过量的刷题来训练做单一类型题目的能力。这同样契合漫谈中提到的创新、思考等数学应具备的能力。

在讲座中，朱校长分享了他与韦东奕等选手征战国际数学竞赛的历程，讲述了他与顶尖选手们之间的故事，让我们了解到了不一样的数学故事。同时，他也与我们畅聊中考和高一学习生活，告诉我们要用乐观积极、努力拼搏的态度迎接每一次失利的历练。数学在历史的发展中得以证明，它不再是一种显于纸面的理论，更是推动人类发展、站在时代前沿的重要途径。

两个小时的时光，在朱校长的漫谈讲座中，我们得以进一步理解到数学学科独特的魅力，也坚定了我们学习数学的信心，激发了同学们钻研数学的热情。我相信，通过本次讲座，我们都能从朱校长的谆谆教导、殷切期望中有所收获，有所发展，取得进步。

胡智铨　高一（24）班

听完朱校长《数学学习漫谈》的讲座，我对数学学习有了更深的体会。不同于一般的学习讲座，朱校长一开始没有直接谈数学应该要怎么学，而是从更高的角度——人类文明发展与科技发展来讲述数学。在漫长的人类历史中，数学始终占据着重要的地位。物理学公式的推导、5G等高新技术，甚至于战争，都离不开数学的支持。数学之美更是无处不在，除了日常生活，朱校长还通过一些诗词让我们了解了传统文化中所蕴含的数学概念、展现的数学之美。

朱校长的分享，让我们意识到学习数学不仅是为了考试，为了成绩，更是为了明白数学在现实中的重要作用，领略数学之美，感悟数学之理。

分享完数学之道，朱校长又和我们分享了数学之术。朱校长告诫我们，在日常数学学习之中，不能只刷题。我们除了练习题目，更要关注题目背后的本质，正如朱校长所说的要有对题目的思考，养成良好的学习习惯，注重表达能力训练，牢固掌握基础知识，认真领会方法技巧。否则，仅靠盲目地刷题是不能对数学学习起很大作用的。正如数学家张益唐，将自身投入数学题，去攻克难关；怀尔斯用 7 年时间攻克了费马大定理。他们是纯粹的数学家，耐得住寂寞，努力去思考，因此取得成功。虽然我们有时是为了考试而学习数学，但在学习时也要有思考，不能靠盲目地刷题，因为题目可以千变万化，去独立思考，掌握方法，才能真正地学好数学。

数学，不仅是一门学科，也是民族科学发展和人类文明发展的重要推动力。作为高中生，我们要努力思考，挖掘题目本质，更深入地研究数学，向无数数学家先辈们学习，为国家、民族的发展做出贡献。

何俊贤　高一（27）班

我对数学的浅薄认识曾仅限于数字的游戏。而今日我了解到数学具有极伟大的意义。数学，乃是众学科之母，也是现代科学研究的基石，是一门先进的文化，是一门关键的技术，更是一门重要的能力。不仅于此，数学之美更值得我欣赏与探索，对称美、诗意美、图形美、巧合美、整齐美……使我全身心沉浸于数学的伟大成就中。

"所谓天才就是靠坚持不断的努力。"徒有对数学学习的兴趣是不足的，徒有努力也是不足的，从没有光靠天才才智而成功的数学研究者。首要的，要有专注、刻苦的精神；其次，要有良好的习惯与方法。

在认真的课堂听课之外，朱校长对于自学方面的建议给了我很大启发。所谓自学，便是要独立学习，独立思考，举一反三。在根基，找到定理和公式的基本原理和现实来源；在枝叶，通过一道习题推广出更多习题之做法和一类习题之做法和最优解。在学有余力时，更努力地拓展知识范围，学习、接受、总结、提炼。

熊梓娱 高一（33）班

朱校长以其渊博的专业知识、深入浅出的解读，让我领略了数学之美。作为一名数竞生，关于学习数学的方法让我获益匪浅，其要义是良好的数学学习习惯的养成。朱校长具体指明其内核：认真听讲，注重课本，适当练习等。这些重要的学习方法都让我醍醐灌顶、茅塞顿开。

朱校长的讲话中最令人动容的是："数学是一种先进的文化，一种关键的技术，对国家、民族乃至世界的发展和个人素质的提高都影响重大。"作为新时代的学生，我们要享受数学学习的过程，认真对待数学学习的技法，以科学的思维理解数学之美，用数学的方式谱写祖国美好未来。

附录八

青年之文明，奋斗之文明也
——迎"五四"青年教师座谈会

4月29日下午，为进一步了解青年教师的发展需求、促进青年教师成长，迎接第七十二个五四青年节的到来，朱华伟校长邀请近五年入职深中的近三十位初、高中两部青年教师共聚一堂，召开青年教师座谈会，聊工作、谈生活、话成长。

座谈会现场

座谈会上，朱峰、鲁灏、廖晶晶等十余位教师代表先后发言，他们结合自己的岗位职责，围绕工作以来所思、所悟、所做、所得，畅所欲言，交流经验，沟通思想，分享了自己加入深中大家庭之后的感受、成长和变化——"深中为青年教师提供了丰富多元的发展平台""感谢学校给予青年教师在教学、科研及生活上的关心和照顾",以及自己在工作中的困惑和烦恼,并就如何进一步优化教科研氛围、完善新教师实习机制以及为青年教师提供更多学习交流机会等方面,对学校提出了合理意见和建议。

朱校长在听取每位教师代表发言后都进行了细心点评,对各位老师提出的困惑做出了解答,并在总结发言中表示,青年教师是学校发展的中坚力量,是学校发展的未来和希望,深中会一如既往地为各位老师创造宽松和谐的工作环境,在生活上多关心、在工作上多帮助。例如,近几年策划实施的,旨在加强班主任队伍和科组建设的"树人计划""学科研究室"等项目,对大家的成长就起到了很好的促进作用。"他山之石,可以攻玉。"向比自己更优秀的高手学习才能更优秀,今后学校会提供一些高规格的平台和资源,为青年教师提供更多"走出去"的学习研究机会,开阔视野、提升自己;同时也会把握好节奏,合理安排好各种活动,会像过去一样少开会,尽可能少打扰大家,让老师们安心教书、安心学习、安心做自己的事,充分享受自己的教育生活。

朱校长希望青年教师在优秀前辈的引领下,认真学习学科教学理论,深入钻研课堂教学,站好讲台、写好教案、上好每一节课,善于总结、善于反思,在实践中形成自己的教学风格,将实践经验上升为理论,发表论文、出版专著,提升学术能力;希望青年教师在入职初期要静得下心、沉得住气,先进的教育理念固然重要,但脚踏实地地扎根课堂教学做才是根本。他希望大家在丰富的阅读和实践中提升自己,教学相长,最终成就好课堂,培育好学生。

值此五四青年节即将到来之际,朱校长引用了革命先驱李大钊关于青年的两段话寄语青年教师：

"青年之文明，奋斗之文明也，与境遇奋斗，与时代奋斗，与经验奋斗。故青年者，人生之王，人生之春，人生之华也。"

青年教师要干出一番事业，需要确立一个高远的目标，并为之不懈奋斗；深中建成中国特色世界一流高中，要靠大家群策群力、一起奋斗，深中拥有开放包容的校园文化，我们今后还会开这样的会议，倾听大家心声，汲取百家之长，共同把深中办好。

"青年之字典，无'困难'之字；青年之口头，无'障碍'之语；惟知跃进，惟知雄飞，惟知本其自由之精神，奇僻之思想，锐敏之直觉，活泼之生命，以创造环境，征服历史。"

在今后的工作中，大家一定会遇到各种各样的困难，但是你们要相信，只要大家一起努力，所有困难都会迎刃而解。2020年9月我们新校区能如期开学就是一个非常好的例子，面临重重困境和严峻考验，大家勠力同心、攻坚克难，我们给自己、也向社会交出了一份满意的答卷。

最后，朱校长祝愿各位青年教师，在深中能够生活、工作得开心愉快，实现自己的教育理想，实现自己的人生价值。